Español con destino a Latinoamérica

Reina Yanagida

Tatsuya Yoshino

JN087008

LATINOAMÉRICA

ESPAÑOL

Editorial ASAHI

音声ダウンロード

 音声再生アプリ「リスニング・トレーナー」(無料)

朝日出版社開発のアプリ、「リスニング・トレーナー（リストレ）」を使えば、教科書の

音声をスマホ、タブレットに簡単にダウンロードできます。どうぞご活用ください。

まずは「リストレ」アプリをダウンロード

≫ App Store はこちら　　≫ Google Play はこちら

アプリ【リスニング・トレーナー】の使い方

① アプリを開き、「コンテンツを追加」をタップ

② QR コードをカメラで読み込む

③ QR コードが読み取れない場合は、画面上部に 55136 を入力し

「Done」をタップします

QR コードは㈱デンソーウェーブの登録商標です

Web ストリーミング音声

https://text.asahipress.com/free/spanish/ecdalatinoamerica/

はじめに

「スペイン語」と言えば、どこの国を思い浮かべますか？やはり「スペイン」と答える方が大多数でしょうか。ところが実は、世界中のスペイン語を母語とする話者のうち、スペイン人はわずか1割にも満たず、残りの9割がラテンアメリカの国々（メキシコから南米のチリ、アルゼンチンまでを指します）の話者なのです。日本でスペイン語を教える外国人教員の中にも、ラテンアメリカ出身の人が少なくありません。本書はそのような中にあって、スペインよりラテンアメリカ地域に視線を向けて編まれた教科書です。本書の主人公である、大学で2年間スペイン語を学んで3年生になったリョウは、休学してラテンアメリカ縦断の旅に出かけます。最初の目的地はアメリカ合衆国です。さぁ、どんな人たちに出会えるでしょうか。一緒に、広いスペイン語圏の旅に出ましょう。

＜各課の構成＞

1) 会話コーナー

   日本語訳を参考にして、会話の内容や雰囲気をつかみましょう。是非音声ストリーミングを活用して、ネイティブの発音をたくさん聞いてください。未習の文法事項が登場することもありますが、あまり気にせず、ストーリーを楽しみながら慣用句の習得や発音練習に力を入れることをお勧めします。

2) Dialoguemos（対話しよう）

   会話に登場するフレーズを使って、クラスメイトと短い対話練習をしましょう。自分のシチュエーションに合わせたり想像を膨らませたりできるよう、空欄を作ってあります。使いたい語句を語彙リストで探して挿入するなど、自由にアレンジして対話を楽しんでください。

3) 文法コーナー

   一部の例文に和訳をつけてあります。それを参考に、他の例文の意味を考えてみましょう。

4) Ejercicios（練習問題）

   前半はリスニングの練習問題を積極的に取り入れました。スペイン語を「書く」ことに偏らず、聞こえたスペイン語を理解して反応できる力もつけましょう。

5) ちょっと一息 Pausa コーナー（コラム）

   スペイン語圏文化に入っていくためのいろいろな「扉」を用意しました。文法学習の前に読むこともできますし、下部のアクティビティで内容について自分でさらに調べて深めていくこともできます。レポートなどの題材としても役立ててください。

　本書を上梓するにあたり、コラム欄へ素晴らしい写真の提供をくださいました皆様と、声で本書に命を吹き込んでくださった先生方に、心より感謝申し上げます。また、教科書の企画から完成に至るまで朝日出版社の山中亮子さんには辛抱強くお付き合いいただき、有益な助言を頂きましたことにも感謝いたします。

著者一同　2022年　盛夏

教員のみなさんへ

本書は以下の点を特徴とします。

・スペインのスペイン語もフォローしつつ、ラテンアメリカの多様なスペイン語事情に対応できる
　よう、ラテンアメリカ地域の動詞の活用体系や語彙を紹介しています。

・主として大学における第二外国語としてのスペイン語の授業に対応できるよう、ヨーロッパ共通
　参照枠（CEFR）に準拠し、A1 ～ A2 レベルのスペイン語が学べるよう、紹介する文法事項や
　語彙に配慮しました。時制は直説法の現在、現在完了、点過去、線過去が学べます。

・文法解説ページにおいては、一部の例文にのみ和訳を添えてあります。基本の例文は和訳と照ら
　し合わせて理解し、残りの例文は学習者が和訳を試みるという使い方ができます。

・会話部分は、日本の大学でスペインのスペイン語を学んだ主人公がラテンアメリカ縦断の旅をす
　るという設定です。北から南へ 8 か国（米国、メキシコ、グアテマラ、コスタリカ、キューバ、
　コロンビア、ペルー、アルゼンチン）を訪れ、その地域ならではの体験をします。

・会話の録音は、可能な限り各地域出身のネイティブ話者にお願いしました。主人公が使うスペイ
　ンのスペイン語と、ラテンアメリカで出会う人たちが使う各地のスペイン語の違いも、学びの材
　料にしていただければと思います。

・コラムでラテンアメリカの文化面についての知識を深めることができます。学習者が自主的に読
　んで学ぶことも可能ですし、授業で話題として採り上げ担当教員独自の補足を加えることも、受
　講生たちの知見を広げることに繋がると期待しています。

・ボキャブラリ強化に役立てていただけるよう、別冊語彙集をご用意しました。

・冒頭のイントロダクションを除いて 14 課編成です。

# Prefacio

Este libro se caracteriza por los rasgos siguientes:

- Se tratan no solo el español europeo sino también las variedades latinoamericanas.

- Fue editado principalmente para las clases universitarias como segunda lengua extranjera. Seleccionamos los contenidos gramaticales y el vocabulario teniendo en consideración los niveles A1 y A2 del MCER (CEFR). Con respecto al tiempo verbal, abarca el presente, el pretérito perfecto, el indefinido y el imperfecto.

- Cada título de los contenidos gramaticales viene acompañado con su traducción al español. Además, en el folleto complementario, como un apoyo para los profesores hispanohablantes, se presentan las explicaciones gramaticales, los ejercicios y los contenidos de las columnas culturales en español.

- Entre las explicaciones gramaticales, se encuentran algunas frases modelo con su traducción al japonés, con la que los alumnos se guiarán para una mejor comprensión. Luego sabrán analizar los otros ejemplos por ellos mismos.

- La parte de "conversación", trata sobre un estudiante universitario japonés que ha aprendido el español europeo en la universidad japonesa y que luego realiza un viaje por ocho países de América: EE.UU., México, Guatemala, Costa Rica, Cuba, Colombia, Perú y Argentina.

- En la audición, participaron varios hispanohablantes nativos de cada zona, lo cual ayudará a los estudiantes a conocer la diferencia entre el español europeo que habla el protagonista y las variedades del español de los otros personajes nativos.

- En la sección de "Pausa", los estudiantes podrán profundizar el conocimiento de los aspectos culturales de Latinoamérica. Podrán leerla de forma independiente fuera de clase, y/o con el apoyo de sus profesores en la clase. Los profesores podrían realizar comentarios desde su propia experiencia.

- El libro está acompañado de un folleto de vocabulario.

- El libro se divide en una introducción con catorce lecciones. El folleto complementario para los profesores contiene información relevante que apoyará a los profesores en clase.

En pleno verano de 2022   Los autores

目 次

スペイン語圏略地図

ESPAÑA
• Madrid

ÁFRICA

GUINEA
ECUATORIAL
Malabo •

ESTADOS UNIDOS

L1
L2

MÉXICO

L4

L7, L8

La Habana

L3
Guadalajara   • México

CUBA

REPÚBLICA DOMINICANA

Santo Domingo

GUATEMALA   HONDURAS

(PUERTO RICO)
(San Juan)

L5 Antigua
Guatemala   Tegucigalpa

San Salvador   NICARAGUA

L9, L10

OCÉANO
ATLÁNTICO

EL SALVADOR   Managua

L6
San José   Panamá   Caracas

COSTA RICA   VENEZUELA

PANAMÁ   COLOMBIA
Bogotá

Quito
ECUADOR

OCÉANO
PACÍFICO

BRASIL

L11   PERÚ
Lima

L12
Cusco   La Paz
BOLIVIA

PARAGUAY
Asunción

CHILE   ARGENTINA
L13

Santiago   URUGUAY
Montevideo
Buenos Aires

L14

スペイン語ってどんな言語？

España

1 スペイン語を公用語とする国や地域 🎧 1-2

España

México

Cuba

República Dominicana

Puerto Rico

Guatemala
El Salvador
Honduras

Venezuela

Colombia

Nicaragua
Costa Rica

Ecuador

Panamá

Perú
Bolivia

Guinea Ecuatorial

Paraguay

Uruguay

Chile

Argentina

> インターネットで使用されている
> 言語として世界第3位！

> アメリカ合衆国でもっとも
> 学ばれている外国語！

> 英語とスペイン語があれば、アメリカ
> 大陸をほぼ問題なく旅行できる！

Norteamérica（北米）

México	- Ciudad de México

Centroamérica（中米）

Guatemala	- Ciudad de Guatemala
Honduras	- Tegucigalpa
El Salvador	- San Salvador
Nicaragua	- Managua
Costa Rica	- San José
Panamá	- Ciudad de Panamá

Caribe（カリブ地域）

Cuba	- La Habana
República Dominicana	- Santo Domingo
Puerto Rico	- San Juan

Sudamérica（南米）

Venezuela	- Caracas
Colombia	- Bogotá
Ecuador	- Quito
Perú	- Lima
Bolivia	- Sucre, La Paz
Chile	- Santiago de Chile
Paraguay	- Asunción
Argentina	- Buenos Aires
Uruguay	- Montevideo

Otros（その他）

España	- Madrid
Guinea Ecuatorial	- Malabo

※アメリカ合衆国にも約 6000 万人のスペイ
ン語話者がいます。

スペイン語圏人口割合（全 4.78 億人中）

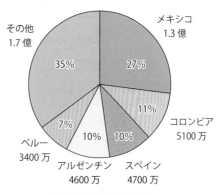

その他
1.7 億

メキシコ
1.3 億

35%

27%

11%

コロンビア
5100 万

7%

10%

10%

ペルー
3400 万

アルゼンチン
4600 万

スペイン
4700 万

世界人口白書 2022 より

Lección 1
Lección 2
Lección 3
Lección 4
Lección 5
Lección 6
Lección 7

2 いろいろな挨拶表現 🎧1-3

Hola.　やぁ。（こんにちは。）

Buenos días. / Buenas tardes. / Buenas noches.　おはよう。/ こんにちは。/ こんばんは。

¿Cómo estás? / ¿Cómo te va? / ¿Cómo andas? / ¿Qué tal?　元気？

Muy bien, gracias. ¿Y tú?　とても元気だよ。君は？

Adiós. / Chao.　さようなら。/ バイバイ。

Hasta luego. / Hasta mañana.　またね。/ また明日。

Muchas gracias.　どうもありがとう。

De nada.　どういたしまして。

¿Perdón? / ¿Cómo?　何て言ったの？（もう一度言って。）

Mucho gusto. / Encantado. / Encantada.　初めまして。

●疑問文は疑問符（¿ ?）で挟みます。
●疑問文のイントネーション（p.5 下部参照）
　¿Y tú? ¿Perdón?：上昇調　　　　　　　¿Cómo estás?：上昇調も下降調もあり

3 スペイン語のアルファベット 🎧1-4

スペイン語
特有の文字

A a	B b	C c	D d				
E e	F f	G g	H h				
I i	J j	K k	L l	M m	N n		Ñ ñ
O o	P p	Q q	R r	S s	T t		
U u	V v	W w	X x	Y y	Z z		

Mini ejercicios 🎧1-5

1　初めて会う人と、どんな挨拶をすればいいか考えてみよう。

2　いつも会う友達と、どんな挨拶をすればいいか考えてみよう。

3　以下の略語を読んでみよう。
　JR / NHK / DVD / UE（=EU）/ ONG（=NGO）/ ADN（=DNA）

4 スペイン語のバリエーション（方言差）

国や地域によって同じスペルでも発音が異なる場合があります。

• ll：ジャ行、リャ行、ヤ行　　y：ジャ行、ヤ行　　　　• c, z：[θ][s]

各地の発音を聞き比べてみよう。🎧1-6
①スペイン方言　②メキシコ方言　③キューバ方言　④アルゼンチン方言
Yo me llamo Roberto（Rosa）. / Ya empieza a llover. / ¿Estos llaveros son tuyos?
cine / zapatos / Gracias.

国や地域によって異なる語彙を使用する場合があります。

• バナナ：plátano / banano / banana / cambur
• 豚：puerco / cerdo / chancho
• バス：autobús / camión / guagua / colectivo / micro
• 冷蔵庫：refrigerador / frigorífico / nevera

Español con destino a Latinoamérica

Reina Yanagida
Tatsuya Yoshino

語彙集

LATINOAMÉRICA

ESPAÑOL

Editorial ASAHI

★目次★

★本語彙集について★

・各課の新出語彙をアルファベット順に掲載しています。

・Lección 1 は発音紹介のために掲載された語彙がほとんどであるため特別扱いとし、Lección 1 ですでに登場した語彙も、Lección 2 以降では改めて新出語彙として掲載しています。

・本書内で使われた意味を中心に掲載しています。その他の意味で使われる場合もありますので、適宜辞書を参照してください。

・品詞欄には、以下に示す通り、本来は「品詞」として扱われない分類があります（疑問詞、数詞、指示詞など）が、学習する上で役立つであろうと思われるよう細分化しています。

・名詞句や副詞句など複数の語から成る句についても、品詞欄にその品詞を記載しています。

★品詞★

m：男性名詞　　　　f：女性名詞

m/f：語尾変化により性が変わる名詞　mf：男女同形名詞

動：動詞　　　　　形：形容詞　　　　副：副詞

代：代名詞　　　　固：固有名詞　　　疑：疑問詞

接：接続詞　　　　前：前置詞　　　　数：数詞

指：指示詞　　　　間：間投詞　　　　慣：慣用表現

★語尾変化の示し方★

例1）名詞 hermano/na：男性単数形は hermano、女性単数形は hermana となります。

例2）形容詞 alto, -ta：男性単数形は alto、女性単数形は alta となります。

★課ごと新出語彙リスト★

Introducción

語彙	品詞	意味
Adiós.	慣	さようなら。
Buenas noches.	慣	こんばんは。おやすみ。
Buenas tardes.	慣	こんにちは。
Buenos días.	慣	おはよう。
Chao.	慣	バイバイ。
¿Cómo andas?	慣	元気？
¿Cómo estás?	慣	元気？
¿Cómo te va?	慣	元気？
¿Cómo?	慣	何て言ったの？
De nada.	慣	どういたしまして。
Encantado/da.	慣	はじめまして。
Hasta luego.	慣	またね。
Hasta mañana.	慣	また明日ね。
Hola.	慣	やぁ。こんにちは。
Muchas gracias.	慣	どうもありがとう。
Mucho gusto.	慣	はじめまして。
Muy bien, gracias.	慣	元気だよ、ありがとう。
¿Perdón?	慣	何て言ったの？
¿Qué tal?	慣	元気？
¿Y tú?	慣	君は？

Lección 1

語彙	品詞	意味
agua	f	水
ahí	副	そこに、そこで
ahora mismo	副	今すぐに
aire	m	空気
alcohol	m	アルコール
¿Algo más?	慣	他に何か？
asado	m	アサード（料理）
auto	m	車（スペインでは coche）
bebida	f	飲み物
bienvenido, -da	形	歓迎された、ようこそ
bocadillo	m	サンドイッチ
bueno, -na	形	良い
café	m	コーヒー
café con leche	m	カフェオレ
camiseta	f	Tシャツ
casa	f	家
cero	数	0
cerveza	f	ビール
chocolate	m	チョコレート、ココア
chorizo	m	チョリソ
cinco	数	5
cine	m	映画、映画館
ciudad	f	街、都市
coca cola	f	コカコーラ
comida rápida	f	ファストフード
con	前	～と、～を伴って
conocer	動	（人と）会ったことがある、（場所に）行ったことがある
copa	f	ワイングラス
correo	m	郵便、郵便局、メール
cuatro	数	4
diez	数	10
dos	数	2

語彙	品詞	意味
equipo	m	チーム
España	固	スペイン
Estados Unidos	固	アメリカ合衆国
estudio	m	勉強
euro	m	ユーロ
examen	m	試験、テスト
expresión	f	表現
extranjero/ra	m/f	外国人
familia	f	家族
famoso, -sa	形	有名な
fecha	f	日付
flan	m	プリン
foto	f	写真
gaucho/cha	m/f	ガウチョ（カウボーイ）
gente	f	人々
guía	mf	ガイド
guitarra	f	ギター
hamburguesa	f	ハンバーガー
helado	m	アイスクリーム
hospital	m	病院
hotel	m	ホテル
hoy	副	今日
jamón	m	ハム
Japón	固	日本
jugo	m	ジュース
lección	f	課、授業、レッスン
leche	f	牛乳
madre	f	母親
mapa	m	地図
Me llamo ...	慣	私の名前は〜です。
mesa	f	机、テーブル
México	固	メキシコ
música	f	音楽

Lección 1

語彙	品詞	意味
Muy bien.	慣	OK、分かった、とてもいい
naranja	f	オレンジ
No, gracias.	慣	結構です、ありがとう。
nueve	数	9
ocho	数	8
paella	f	パエリア
parada	f	停留所
pastel	m	ケーキ
piano	m	ピアノ
pie	m	足（足首から先の部分）
por favor	慣	お願いします、ください
pues	間	まぁ、えっと、それなら、それじゃ
queso	m	チーズ
radio	f	ラジオ
restaurante	m	レストラン
seis	数	6
siete	数	7
solo	副	〜だけ
sopa	f	スープ
Soy de ~.	慣	私は〜出身です。
suerte	f	運、ラッキー
ti	代	君（前置詞格）
tienda	f	店
tomate	m	トマト
tostada	f	トースト
tres	数	3
tu	形	君の
uno	数	1
vaso	m	コップ
y	接	〜と、そして
ya	副	すぐに、すでに
yogur	m	ヨーグルト
zapato	m	靴

Lección 2

語彙	品詞	意味
agua	f	水
ajo	m	ニンニク
amigo/ga	m/f	友達
Aquí tiene.	慣	はい、どうぞ。
ascensor	m	エレベーター
bar	m	バル
bocadillo	m	サンドイッチ
botella	f	瓶
Buen viaje.	慣	よい旅行を。
Buenas.	慣	やぁ。おっす。
cajero/ra	m/f	レジ係
calavera	f	カラベラ（ガイコツ）
camarero/ra	m/f	ウエイター、ウエイトレス
cebolla	f	玉ねぎ
computadora	f	コンピューター、パソコン
cuaderno	m	ノート
¿Cuánto es?	慣	いくらですか？
de	前	～の、～から
De acuerdo.	慣	OK、分かった、承知した
día	m	日
director/ra	m/f	部長、校長
dólar	m	ドル（通貨）
empleado/da	m/f	従業員、社員
en	前	～で、～に、～の上（中）に
ese/a/os/as	指	その、それらの
estación	f	駅
este/a/os/as	指	この、これらの
estudiante	mf	学生、生徒
euro	m	ユーロ
examen	m	試験、テスト
flan	m	プリン
flor	f	花
foto	f	写真（fotografía の略）

Lección 2

語彙	品詞	意味
futbolista	mf	サッカー選手
helado	m	アイスクリーム
hermano/na	m/f	兄弟姉妹
ingeniero/ra	m/f	技師、エンジニア
jefe/fa	m/f	上司、リーダー
joven	mf	若者
leche	f	牛乳
llave	f	鍵
maestro/tra	m/f	（小学校の）先生
mano	f	手
mercado	m	市場
moto	f	バイク（motocicleta の略）
niño/ña	m/f	幼児、少年、少女
Oiga.	慣	すみません。あの。（呼びかけ）
ordenador	m	パソコン、コンピューター
pasaporte	m	パスポート
periodista	mf	ジャーナリスト、新聞記者
peso	m	ペソ（通貨）
policía	mf	警察
presidente/ta	m/f	社長、大統領
problema	m	問題
profesor/ra	m/f	教員、先生
¿Qué es esto?	慣	これは何？
queso	m	チーズ
semana	f	週
tema	m	テーマ
tenedor	m	フォーク
tomate	m	トマト
trabajador/ra	m/f	労働者
turista	mf	旅行者、観光客
universidad	f	大学
vaca	f	雌牛
Vale.	慣	OK、分かった、いいよ

語彙	品詞	意味
viaje	m	旅行、旅
yen	m	円（通貨）

Lección 3

語彙	品詞	意味
alegre	形	陽気な、楽しい
alto, -ta	形	背が高い
amable	形	親切な
barato, -ta	形	（価格が）安い
bonito, -ta	形	素敵な、かわいい、美しい
canción	f	歌
caro, -ra	形	（価格が）高い
chico/ca	m/f	少年、少女、青年
Cielito Lindo	固	シエリート・リンド（曲名）
cien	m	100
clase	f	授業、クラス
coche	m	車
compañero/ra	m/f	仲間
costarricense	mf	コスタリカ人
divertido, -da	形	おもしろい、楽しい
entonces	接	それなら、すると、当時
español/la	m/f	スペイン人、スペイン語
estadounidense	m	アメリカ人
famoso, -sa	形	有名な
grupo	m	グループ、団体
japonés/nesa	m/f	日本人、日本語
lindo, -da	形	素敵な、かわいい、すばらしい
mariachi	m	マリアッチ
mexicano/na	m/f	メキシコ人
muy	副	とても
pequeño, -ña	形	小さい
peruano/na	m/f	ペルー人
picante	形	からい、スパイシー
plaza	f	広場
qué	疑	何
rico, -ca	形	美味しい、金持ちの
salsa	f	ソース、サルサ（音楽）
ser	動	〜である

語彙	品詞	意味
simpático, -ca	形	感じのいい、優しい
tocar	動	触る、（楽器を）弾く
Toma.	慣	（物を手渡して）はい。
trabajador, -ra	形	働き者の、勤勉な
tradicional	形	伝統的な
¡Vengan!	慣	さぁ行こう！早くやろう！
y	接	〜と、そして

Lección 4

語彙	品詞	意味
a	前	〜へ、〜に
abrir	動	開ける、開く
abuelo/la	m/f	祖父、祖母
aquí	副	ここで、ここに（→aquí tiene）
barbacoa	f	バーベキュー
beber	動	飲む
carne	f	肉
casa	f	家
cenar	動	夕食をとる
cerveza	f	ビール
comer	動	食べる、食事をする
cómodo, -da	形	快適な
comprar	動	買う
con	前	〜を伴って、〜と一緒に
Con permiso.	慣	失礼します。
permiso	m	許可（→con permiso）
cuando	接	〜の時
cuándo	疑	いつ
cuidar	動	〜に注意を払う、世話をする、守る
cultura	f	文化
desayunar	動	朝食をとる
desde	前	〜から
dónde	疑	どこ
elegante	形	上品な
enseguida	副	すぐに
escribir	動	書く
escuchar	動	聞く
estudiar	動	勉強する
familia	f	家族
fin	m	終わり
fin de semana	m	週末
genial	形	すばらしい、天才的な
grande	形	大きい（名詞単数形の前で gran）

語彙	品詞	意味
guapo, -pa	形	（人が）美しい
hablar	動	話す
hace	前	〜前（時の経過を表す）
hoy	副	今日
interesante	形	興味深い、おもしろい
junto	副	一緒に
largo, -ga	形	長い
leer	動	読む
lengua	f	言語
libro	m	本
llegar	動	到着する、着く
madre	f	母親
mañana	副	明日（→hasta mañana）
maya	mf	マヤ人、マヤ語
maya	形	マヤの
mensaje	m	メッセージ
mucho, -cha	形	たくさんの
música	f	音楽
nieto/ta	m/f	孫
normalmente	副	普通は、普段は
padre	m	父親
panadería	f	パン屋
periódico	m	新聞
poc chuc	m	ポック・チュック（料理）
preparar	動	用意する、作る
primo/ma	m/f	いとこ
pueblo	m	村、町
romántico, -ca	形	ロマンティックな
se llama	動	〜という名前だ
siempre	副	いつも、必ず
siglo	m	世紀
solo	副	〜だけ、1人で
terminar	動	終える、終わる

Lección 4

語彙	品詞	意味
tío/a	m/f	叔父、叔母
todo, -da	形	すべての（→todos los días）
todos los días	副	毎日
tomar	動	飲む、取る、（乗り物に）乗る
trabajar	動	働く
tren	m	電車
usar	動	使う
vecino/na	m/f	隣人、近所の人
ventana	f	窓
viejo, -ja	形	年をとった、古い
vivir	動	住む、暮らす
yucateco, -ca	形	ユカタン半島の

Lección 5

語彙	品詞	意味
abierto, -ta	形	開いている（abrir の過去分詞）
alemán/mana	m/f	ドイツ人、ドイツ語
aprender	動	学ぶ
ayudar	動	助ける、手伝う
bailar	動	踊る
banco	m	銀行
bien	副	良く、上手に、元気で
caliente	形	熱い、あたたかい
cansado, -da	形	疲れている
cantar	動	歌う
celular	m	携帯電話
cerrado, -da	形	閉まっている（cerrar の過去分詞）
chino/na	m/f	中国人、中国語
colombiano, -na	形	コロンビアの
cómo	疑	どのように、どのような
contento, -ta	形	喜んでいる、満足している
coreano/na	m/f	韓国人、韓国語
correr	動	走る
costar	動	（お金が）かかる
desear	動	望む、希望する
después	副	あとで、その後
enfadado, -da	形	怒っている
enfermo, -ma	形	病気である
enojado, -da	形	怒っている（スペインでは enfadado）
enseñar	動	教える、見せる
escuela	f	学校
esperar	動	待つ
estar	動	〜である、〜にいる、ある
feliz	形	幸せな
francés/cesa	m/f	フランス人、フランス語
fresco, -ca	形	涼しい、新鮮な
frío, -a	形	冷たい
gramática	f	文法

Lección 5

語彙	品詞	意味
hay	動	～がある、～がいる
hora	f	時間
hospedaje	m	宿泊場所、宿泊料金
idioma	m	言語
inglés/lesa	m/f	イギリス人、英語
llamar	動	呼ぶ、電話する
me	代	私を、私に
mexicano, -na	形	メキシコの
Mira.	慣	ほら、ごらん。見て。あのね。
mirar	動	見る
nervioso, -sa	形	ソワソワしている、イライラしている
nombre	m	名前
número	m	番号、数
opción	f	選択肢
oscuro, -ra	形	暗い
papel	m	紙
pasar	動	通る、過ぎる、起こる
preocupado, -da	形	心配している
puerta	f	ドア、門
quechua	mf	ケチュア人、ケチュア語
sopa	f	スープ
también	副	～も
triste	形	悲しい
vez	f	回、回数（→alguna vez, otra vez）
visitar	動	訪れる
ya	副	すぐに、すでに

Lección 6

語彙	品詞	意味
%(por ciento)		パーセント
a la derecha de	副	〜の右に
a la izquierda de	副	〜の左に
ahí	副	そこに、そこで
al	前	a + el
al lado de	副	〜の横に
lado	m	側面、わき、そば（→al lado de）
allí	副	あそこに、あそこで
animal	m	動物
árbol	m	木
autobús	m	バス
avenida	f	通り、道
ayuntamiento	m	市役所
bicicleta	f	自転車
bienvenido, -da	形	歓迎された、ようこそ
bosque	m	森
cafetería	f	喫茶店、カフェ
cama	f	ベッド
canal	m	運河
cerca de	副	〜の近くに
ciudad	f	街、都市
colegio	m	小学校、中学校
color	m	色
debajo de	副	〜の下に
del	前	de + el
delante de	副	〜の正面に
derecha	f	右（→a la derecha de）
detrás de	副	〜の後ろに、裏に
diccionario	m	辞書
edificio	m	建物
encima de	副	〜の上に
entre	前	〜の間に（→entre semana）
estantería	f	棚、本棚

Lección 6

語彙	品詞	意味
gafa	f	（複数形で）めがね
gato	m	猫
guía	mf	ガイド
hermoso, -sa	形	美しい、かっこいい
hospital	m	病院
hotel	m	ホテル
huevo	m	卵
iglesia	f	教会
lejos de	副	〜から遠くに
manzana	f	リンゴ
mar	m	海
mesa	f	机、テーブル
mochila	f	リュック
montaña	f	山
mundo	m	世界
museo	m	博物館、美術館
natural	形	自然の
naturaleza	f	自然
negro, -ra	形	黒い
oye	間	ねぇ（呼びかけ）
país	m	国
pájaro	m	鳥
parada	f	停留所
paraíso	m	楽園、天国
parque	m	公園
pero	接	でも、しかし
perro	m	犬
planta	f	植物、（建物の）階
playa	f	ビーチ、浜辺
por qué	疑	なぜ
porque	接	なぜなら
quetzal	m	ケツァール
quién	疑	誰

語彙	品詞	意味
refrigerador	m	冷蔵庫
restaurante	m	レストラン
río	m	川
señor	m	男性、〜さん（男性の敬称）
sí	副	うん、はい、そうです
silla	f	椅子
sillón	m	肘掛け椅子
sobre todo	副	特に
teatro	m	演劇、舞台、劇場
templo	m	寺
tienda	f	店
todavía	副	まだ
..., ¿verdad?	慣	〜ですよね？

Lección 7

語彙	品詞	意味
agradable	形	心地よい
aire	m	空気
año	m	年
antiguo, -gua	形	古い
así	副	そのように、このように（→así es）
Así es.	慣	その通りです。
barrio	m	地区
bastante	副	かなり、相当
biblioteca	f	図書館
brisa	f	そよ風
bueno, -na	形	良い（男性名詞単数形の前で buen）
calle	f	通り、道
calor	m	暑さ
castillo	m	城
chino, -na	形	中国の
clima	m	天候、天気
como	副	〜のように、〜として
conocer	動	（体験として）知っている
De nada.	慣	どういたしまして。
ejercicio	m	練習、運動
fiesta	f	パーティー、お祭り
fresco	m	涼しさ、冷たさ
frío	m	寒さ
fútbol	m	サッカー
guagua	m	バス（スペインでは autobús）
hacer	動	〜をする、〜を作る
hambre	f	空腹
igual	形	同じような、等しい
ir	動	行く
malo, -la	形	悪い（男性名詞単数形の前で mal）
nada	代	何も〜ない（→de nada）
novio/via	m/f	恋人
nublado, -da	形	曇っている

語彙	品詞	意味
pastel	m	ケーキ
película	f	映画
poner	動	置く、つける
revolución	f	革命
sábado	m	土曜日
saber	動	知っている、分かる
salir	動	出る、出かける
sol	m	太陽、日差し
tarde	f	午後、夕方（→por la tarde）
tarea	f	宿題、作業
taxi	m	タクシー
taxista	mf	タクシー運転手
teléfono	m	電話
temprano	副	早くに、早朝に
tener	動	持っている
tiempo	m	時間、天気
torre	f	塔、タワー
viento	m	風
zoológico	m	動物園

Lección 8

語彙	品詞	意味
a veces	副	時々
aburrido, -da	形	退屈な
adelante	副	前に、先で（→más adelante）
algo	代	何か
baño	m	トイレ、洗面所
caja	f	箱、レジ
cerrar	動	閉める、閉まる
cine	m	映画、映画館
cocina	f	台所
cubano, -na	形	キューバの
dar	動	与える、渡す
de último modelo	形	最新型の
decir	動	言う
difícil	形	難しい
disculpar	動	許す
dormir	動	眠る
Economía	f	経済学
empezar	動	始める、始まる
entender	動	理解する
entrar	動	入る
fácil	形	簡単な
Física	f	物理学
gente	f	人々
habitación	f	部屋
Historia	f	歴史学
Informática	f	情報科学
jugo	m	ジュース（スペインでは zumo）
limpiar	動	掃除する
Lingüística	f	言語学
Literatura	f	文学
llevar	動	運ぶ、持っていく
más	副	もっと、さらに（mucho の比較級）
más adelante	副	もっと後で

語彙	品詞	意味
Matemáticas	f	数学
menos	形	より少ない（→por lo menos）
mes	m	月、1か月
modelo	m	型、模型（→de último modelo）
mojito	m	モヒート（カクテル）
naranja	f	オレンジ
nunca	副	決して〜ない、一度も〜ない
ocupado, -da	形	忙しい、使用中の
oficina	f	オフィス、事務所
oír	動	聞こえる
otro, -tra	形	他の、別の
pagar	動	支払う
plato	m	皿、料理
poder	動	〜できる
por lo menos	副	少なくとも
preguntar	動	尋ねる、質問する
qué tal	疑	どう、どんな（=cómo）
querer	動	〜がほしい、〜したい
realidad	f	現実
recordar	動	思い出す、覚えている
regalo	m	プレゼント
ruido	m	騒音、物音
sencillo, -lla	形	単純な、分かりやすい
sentir	動	感じる
social	形	社会の
tarde	副	遅くに
tarjeta	f	カード
último, -ma	形	最後の、最近の （→de último modelo）
venir	動	来る
ver	動	見える、会う
vida	f	生活、暮らし、人生
volver	動	戻る、帰る

Lección 9

語彙	品詞	意味
además	副	その上、さらに
ajiaco	m	アヒアコ（料理）
baile	m	ダンス
bueno, …	慣	さぁそれでは、まぁ、わかった
caramelo	m	キャンディー
cierto, -ta	形	ある特定の、確かな（→por cierto）
comida	f	食べ物、食事
conmigo	副	私と一緒に
contigo	副	君と一緒に
creer	動	思う、信じる
de nuevo	副	再び
doler	動	痛みを感じさせる
encantar	動	大好きだと思わせる（→me encantaría）
entrada	f	入場券、入口
generalmente	副	一般的に
gustar	動	好きだと思わせる
gusto	m	喜び
instituto	m	協会、専門学校
interesar	動	興味を抱かせる
invitar	動	誘う、おごる
japonés, -nesa	形	日本の
latino, -na	形	ラテン系の
librería	f	本屋
lugar	m	場所
mañana	f	朝、午前（→por la mañana）
mí	代	私（前置詞格）
nuevo, -va	形	新しい（→de nuevo）
pescado	m	魚
pierna	f	脚（足首から上）
por cierto	副	ところで、そういえば
por la mañana	副	午前中に、朝に
recomendar	動	勧める
significar	動	意味する

語彙	品詞	意味
tampoco	副	〜もまたない
ti	代	君（前置詞格）
tinto	m	赤ワイン、ブラックコーヒー
valle	m	谷
verdura	f	野菜
vino	m	ワイン

Lección 10

語彙	品詞	意味
a eso de	副	だいたい
acostarse	動	寝る、横になる
anillo	m	指輪
antes de	副	〜の前に
bañarse	動	入浴する、泳ぐ
cambiarse	動	着替える
cara	f	顔
comerse	動	全部食べる、食べつくす
cuarto	m	4分の1、（時刻表現で）15分
¿De verdad?	慣	本当に？
después de	副	〜の後で
domingo	m	日曜日
dormirse	動	居眠りする
ducharse	動	シャワーをする
en punto	副	ちょうど
entre semana	副	平日に
eso	指	それ、そのこと（→a eso de）
irse	動	去る、帰る
jueves	m	木曜日
lavarse	動	自分の体を洗う
levantarse	動	起きる、起き上がる
llamarse	動	〜という名前である
luego	副	後で、それから
lunes	m	月曜日
martes	m	火曜日
más o menos	副	だいたい
media	f	（時刻表現で）半、30分
menos	副	より少なく、（時刻表現で）〜分前
miércoles	m	水曜日
morirse de	動	〜で死にそうだ
noche	f	夜（→por la noche）
ponerse	動	〜を身に着ける
por la noche	副	夜に

語彙	品詞	意味
preferir	動	〜の方を好む
primero, -ra	形	最初の、1番目の
punto	m	点（→en punto）
quitarse	動	〜を脱ぐ、外す
tan	副	そんなに
viernes	m	金曜日
zapato	m	靴

Lección 11

語彙	品詞	意味
alguien	代	誰か
alguna vez	副	一度でも
cena	f	夕食
charlar	動	おしゃべりする
dicho, -cha	形	言われた（decir の過去分詞）
diciendo		decir の現在分詞
durante	前	（期間）〜の間
durmiendo		dormir の現在分詞
escrito, -ta	形	書かれた（escribir の過去分詞）
exposición	f	展示、展覧会
freír	動	油で揚げる、炒める
frito, -ta	形	油で揚げられた（freír の過去分詞）
hamburguesa	f	ハンバーガー
hecho, -cha	形	作られた、行われた（hacer の過去分詞）
historia	f	歴史
hombre	m	男性、男の人、人間
inmigración	f	移民、移住
lavar	動	洗う
leyendo		leer の現在分詞
llover	動	雨が降る
nadie	代	誰も〜ない
necesitar	動	必要とする
negocio	m	商売
ni	接	〜もない
papa	f	ジャガイモ（スペインでは patata）
patio	m	中庭
pena	f	→vale la pena
pisco	m	ピスコ
poco	代	ごくわずかなもの（→un poco）
probar	動	試す
puesto, -ta	形	置かれた（poner の過去分詞）
romper	動	壊す
roto, -ta	形	壊れた（romper の過去分詞）

語彙	品詞	意味
sobre	前	～の上に、～について
tele	f	テレビ（televisión の略）
tintorería	f	クリーニング屋
toalla	f	タオル
un poco	副	少し
Vale la pena.	慣	その価値がある。
visto, -ta	形	見られた（ver の過去分詞）
vuelto, -ta	形	（volver の過去分詞）
yendo		ir の現在分詞

Lección 12

語彙	品詞	意味
abril	m	4月
aceite	m	油
allá	副	あちらへ（≒allí）
anoche	副	昨夜
ayer	副	昨日
cabeza	f	頭
cansancio	m	疲れ
cebiche	m	セビッチェ
cuidarse	動	自分の健康に気を付ける
dolor	m	痛み
dulce	形	甘い
estudioso, -sa	形	勉強熱心だ
falda	f	スカート
farmacia	f	薬局
galleta	f	ビスケット
mal	副	体調（気分）が悪く
mal de montaña	m	高山病
mareado, -da	形	気分が悪い、酔った
más	形	もっと、より多くの（mucho の比較級）
mejor	副	より良く（bien の比較級）
mejor	形	より良い（bueno の比較級）
metro	m	メートル（長さ）
oliva	f	オリーブ（の実）
pachamanca	f	パチャマンカ（料理）
pasado, -da	形	過ぎ去った、前の
quedarse	動	とどまる、居残る
rápido	副	速く
receta	f	処方箋、レシピ
sentirse	動	〜だと感じる
servir	動	奉仕する、役立つ

Lección 13

語彙	品詞	意味
alojarse	動	泊まる
amplio, -plia	形	広い
animado, -da	形	活気のある、元気な
anteayer	副	おととい
asado	m	アサード（料理）
auto	m	車（スペインでは coche）
bici	f	自転車（bicicleta の略）
bufanda	f	マフラー
buscar	動	探す、迎えに行く
caminar	動	歩く
cartera	f	ハンドバッグ（スペインでは財布）
casi	副	ほぼ
centro	m	中心、繁華街
compra	f	買物（→ir de compras）
cuánto/a	疑	どれほどの（量）
cuántos/as	疑	いくつの（数）
cumpleaños	m	誕生日
delicioso, -sa	形	おいしい
departamento	m	アパート
empanada	f	エンパナーダ（料理）
encontrar	動	見つける、遭遇する
enero	m	1 月
hasta	前	～まで
invierno	m	冬
ir de compras	動	ショッピングをする
lobo marino	m	オタリア
mapa	m	地図
marisco	m	シーフード
nevar	動	雪が降る
otra vez	副	もう一度
recomendable	形	お勧めできる
remera	f	T シャツ（スペインでは camiseta）
robar	動	盗む、奪う

Lección 13

語彙	品詞	意味
sitio	m	場所
tanguería	f	タンゲリア（タンゴを踊る場所）
tardar	動	（時間が）かかる
turismo	m	観光
turístico, -ca	形	観光の
varios, -rias	形	いろいろな

Lección 14

語彙	品詞	意味
acompañar	動	一緒に行く、〜に伴う
ahora	副	今、現在
ahora mismo	副	今すぐに
almuerzo	m	昼食
antes	副	かつては、昔は、以前は
caballo	m	馬
campo	m	野原、農場、牧場
cantidad	f	量
casarse	動	結婚する
comercio	m	商売、商店
congelado, -da	形	凍った（congelar の過去分詞）
cosa	f	こと、もの
criar	動	育てる
envidia	f	羨望、うらやみ
Estados Unidos	固	アメリカ合衆国
Europa	固	ヨーロッパ
exportar	動	輸出する
fábrica	f	工場
fabricar	動	製造する
gaucho	m	ガウチョ（カウボーイ）
gran	形	grande を単数名詞の前で使う時の形
granja	f	農場
horizonte	m	地平線、水平線
Me encantaría.	慣	ぜひそうしたいです。
montar	動	乗る
nacer	動	生まれる
pampa	f	パンパ、大草原
piso	m	（建物などの）階
producir	動	生産する
recuerdo	m	思い出、お土産
segundo, -da	形	2 番目の
si	接	もし〜なら、〜すれば
sonar	動	鳴る

Lección 14

語彙	品詞	意味
tarta	f	ケーキ
terreno	m	土地
toro	m	雄牛
vender	動	売る
verano	m	夏

★品詞別語彙リスト★

形容詞

abierto, -ta	開いている
aburrido, -da	退屈な
agradable	心地よい
alegre	陽気な、楽しい
alto, -ta	背が高い
amable	親切な
amplio, -plia	広い
animado, -da	活気のある、元気な
antiguo, -gua	古い
barato, -ta	安い
bienvenido, -da	歓迎された、ようこそ
bonito, -ta	素敵な、かわいい、美しい
bueno, -na	良い
caliente	熱い、あたたかい
cansado, -da	疲れている
caro, -ra	（価格が）高い
cerrado, -da	閉まっている
chino, -na	中国の
cierto, -ta	ある特定の、確かな
colombiano, -na	コロンビアの
cómodo, -da	快適な
congelado, -da	凍った
contento, -ta	喜んでいる、満足している
cubano, -na	キューバの
delicioso, -sa	おいしい
dicho, -cha	言われた
difícil	難しい
divertido, -da	おもしろい、楽しい
dulce	甘い
elegante	上品な
enfadado, -da	怒っている
enfermo, -ma	病気である

形容詞

enojado, -da	怒っている
escrito, -ta	書かれた
estudioso, -sa	勉強熱心だ
fácil	簡単な
famoso, -sa	有名な
feliz	幸せな
fresco, -ca	涼しい、新鮮な
frío, -a	冷たい
frito, -ta	油で揚げられた
genial	すばらしい、天才的な
grande	大きい
guapo, -pa	（人が）美しい
hecho, -cha	作られた、行われた
hermoso, -sa	美しい、かっこいい
igual	同じような、等しい
interesante	興味深い、おもしろい
japonés, -nesa	日本の
largo, -ga	長い
latino, -na	ラテン系の
lindo, -da	素敵な、かわいい、すばらしい
malo, -la	悪い
mareado, -da	気分が悪い、酔った
más	もっと、より多くの
maya	マヤの
mejor	より良い
menos	より少ない
mexicano, -na	メキシコの
mucho, -cha	たくさんの
natural	自然の
negro, -ra	黒い
nervioso, -sa	ソワソワしている、イライラしている
nublado, -da	曇っている
nuevo, -va	新しい
ocupado, -da	忙しい、使用中の

oscuro, -ra	暗い
otro, -tra	他の、別の
pasado, -da	過ぎ去った、前の
pequeño, -ña	小さい
picante	からい、スパイシー
preocupado, -da	心配している
primero, -ra	最初の、1番目の
puesto, -ta	置かれた
recomendable	お勧めできる
rico, -ca	美味しい、金持ちの
romántico, -ca	ロマンティックな
roto, -ta	壊れた
segundo, -da	2番目の
sencillo, -lla	単純な、分かりやすい
simpático, -ca	感じのいい、優しい
social	社会の
todo, -da	すべての
trabajador, -ra	働き者の、勤勉な
tradicional	伝統的な
triste	悲しい
turístico, -ca	観光の
último, -ma	最後の、最近の
varios, -rias	いろいろな
viejo, -ja	年をとった、古い
visto, -ta	見られた
vuelto, -ta	戻った
yucateco, -ca	ユカタン半島の

動詞 <small>(色付きは不規則活用動詞、<u>se</u> がついているものは再帰動詞)</small>

abrir	開ける、開く
acompañar	一緒に行く、〜に伴う
acostar<u>se</u>	寝る、横になる
alojar<u>se</u>	泊まる
aprender	学ぶ
ayudar	助ける、手伝う
bailar	踊る
bañar<u>se</u>	入浴する、泳ぐ
beber	飲む
buscar	探す、迎えに行く
cambiar<u>se</u>	着替える
caminar	歩く
cantar	歌う
casar<u>se</u>	結婚する
cenar	夕食をとる
cerrar	閉める、閉まる
charlar	おしゃべりする
comer	食べる、食事をする
comer<u>se</u>	全部食べる、食べつくす
comprar	買う
conocer	（体験として）知っている
correr	走る
costar	（お金が）かかる
creer	思う、信じる
criar	育てる
cuidar	〜に注意を払う、世話をする、守る
cuidar<u>se</u>	自分の健康に気を付ける
dar	与える、渡す
decir	言う
desayunar	朝食をとる
desear	望む、希望する
disculpar	許す
doler	痛みを感じさせる
dormir	眠る

dormir<u>se</u>	居眠りする
duchar<u>se</u>	シャワーをする
empezar	始める、始まる
encantar	大好きだと思わせる（→me encantaría）
encontrar	見つける、遭遇する
enseñar	教える、見せる
entender	理解する
entrar	入る
escribir	書く
escuchar	聞く
esperar	待つ
estar	～である、～にいる、ある
estudiar	勉強する
exportar	輸出する
fabricar	製造する
freír	油で揚げる、炒める
gustar	好きだと思わせる
hablar	話す
hacer	～をする、～を作る
hay	～がある、～がいる
interesar	興味を抱かせる
invitar	誘う、おごる
ir	行く
ir de compras	ショッピングをする
ir<u>se</u>	去る、帰る
lavar	洗う
lavar<u>se</u>	自分の体を洗う
leer	読む
levantar<u>se</u>	起きる、起き上がる
limpiar	掃除する
llamar	呼ぶ、電話する
llamar<u>se</u>	～という名前である
llegar	到着する、着く
llevar	運ぶ、持っていく

動詞 （色付きは不規則活用動詞、<u>se</u> がついているものは再帰動詞）

llover	雨が降る
mirar	見る
montar	乗る
morir<u>se</u> de	～で死にそうだ
nacer	生まれる
necesitar	必要とする
nevar	雪が降る
oír	聞こえる
pagar	支払う
pasar	通る、過ぎる、起こる
poder	～できる
poner	置く、つける
poner<u>se</u>	～を身に着ける
preferir	～の方を好む
preguntar	尋ねる、質問する
preparar	用意する、作る
probar	試す
producir	生産する
quedar<u>se</u>	とどまる、居残る
querer	～がほしい、～したい
quitar<u>se</u>	～を脱ぐ、外す
recomendar	勧める
recordar	思い出す、覚えている
robar	盗む、奪う
romper	壊す
saber	知っている、分かる
salir	出る、出かける
se llama	～という名前だ
sentir	感じる
sentir<u>se</u>	～だと感じる
ser	～である
servir	奉仕する、役立つ
significar	意味する
sonar	鳴る

動詞

tardar	（時間が）かかる
tener	持っている
terminar	終える、終わる
tocar	触る、（楽器を）弾く
tomar	飲む、取る、（乗り物に）乗る
trabajar	働く
usar	使う
vender	売る
venir	来る
ver	見える、会う
visitar	訪れる
vivir	住む、暮らす
volver	戻る、帰る

名詞 男性名詞（人以外）

aceite	油
aire	空気
ajiaco	アヒアコ（料理）
ajo	ニンニク
alcohol	アルコール
almuerzo	昼食
anillo	指輪
animal	動物
año	年
árbol	木
asado	アサード（料理）
ascensor	エレベーター
auto	車（スペインでは coche）
autobús	バス
ayuntamiento	市役所
baile	ダンス
banco	銀行
baño	トイレ、洗面所
bar	バル
barrio	地区
bocadillo	サンドイッチ
bosque	森
caballo	馬
café	コーヒー
café con leche	カフェオレ
calor	暑さ
campo	野原、農場、牧場
canal	運河
cansancio	疲れ
caramelo	キャンディー
castillo	城
cebiche	セビッチェ
celular	携帯電話
centro	中心、繁華街

chocolate	チョコレート、ココア
chorizo	チョリソ
cine	映画、映画館
clima	天候、天気
coche	車
colegio	小学校、中学校
color	色
comercio	商売、商店
correo	郵便、郵便局、メール
cuaderno	ノート
cuarto	4分の1、（時刻表現で）15分
cumpleaños	誕生日
departamento	アパート
día	日
diccionario	辞書
dólar	ドル（通貨）
dolor	痛み
edificio	建物
ejercicio	練習、運動
equipo	チーム
estudio	勉強
euro	ユーロ
examen	試験、テスト
fin	終わり
fin de semana	週末
flan	プリン
fresco	涼しさ、冷たさ
frío	寒さ
fútbol	サッカー
gato	猫
grupo	グループ、団体
guagua	バス（スペインでは autobús）
gusto	喜び
helado	アイスクリーム

名詞 男性名詞（人以外）

horizonte	地平線、水平線
hospedaje	宿泊場所、宿泊料金
hospital	病院
hotel	ホテル
huevo	卵
idioma	言語
instituto	協会、専門学校
invierno	冬
jamón	ハム
jugo	ジュース（スペインでは zumo）
lado	側面、わき、そば（→al lado de）
libro	本
lobo marino	オタリア
lugar	場所
mal de montaña	高山病
mapa	地図
mar	海
mariachi	マリアチ
marisco	シーフード
mensaje	メッセージ
mercado	市場
mes	月、1か月
metro	メートル（長さ）
modelo	型、模型（→de último modelo）
mojito	モヒート（カクテル）
mundo	世界
museo	博物館、美術館
negocio	商売
nombre	名前
número	番号、数
ordenador	パソコン、コンピューター
país	国
pájaro	鳥
papel	紙

paraíso	楽園、天国
parque	公園
pasaporte	パスポート
pastel	ケーキ
patio	中庭
periódico	新聞
permiso	許可（→con permiso）
perro	犬
pescado	魚
peso	ペソ（通貨）
piano	ピアノ
pie	足（足首から先の部分）
pisco	ピスコ
piso	（建物などの）階
plato	皿、料理
poc chuc	ポック・チュック（料理）
problema	問題
pueblo	村、町
punto	点（→en punto）
queso	チーズ
quetzal	ケツァール
recuerdo	思い出、お土産
refrigerador	冷蔵庫
regalo	プレゼント
restaurante	レストラン
río	川
ruido	騒音、物音
siglo	世紀
sillón	肘掛け椅子
sitio	場所
sol	太陽、日差し
taxi	タクシー
teatro	演劇、舞台、劇場
teléfono	電話

名詞 男性名詞（人以外）

tema	テーマ
templo	寺
tenedor	フォーク
terreno	土地
tiempo	時間、天気
tinto	赤ワイン、ブラックコーヒー
tomate	トマト
toro	雄牛
tren	電車
turismo	観光
valle	谷
vaso	コップ
verano	夏
viaje	旅行、旅
viento	風
vino	ワイン
yen	円（通貨）
yogur	ヨーグルト
zapato	靴
zoológico	動物園

名詞 女性名詞（人以外）

agua	水
avenida	通り、道
barbacoa	バーベキュー
bebida	飲み物
biblioteca	図書館
bici	自転車（bicicleta の略）
bicicleta	自転車
botella	瓶
brisa	そよ風
bufanda	マフラー
cabeza	頭
cafetería	喫茶店、カフェ
caja	箱、レジ
calavera	カラベラ（ガイコツ）
calle	通り、道
cama	ベッド
camiseta	Tシャツ
canción	歌
cantidad	量
cara	顔
carne	肉
cartera	ハンドバッグ（スペインでは財布）
casa	家
cena	夕食
cerveza	ビール
ciudad	街、都市
clase	授業、クラス
coca cola	コカコーラ
cocina	台所
comida	食べ物、食事
comida rápida	ファストフード
compra	買物（→ir de compras）
computadora	コンピューター、パソコン
copa	ワイングラス

名詞

cosa	こと、もの
cultura	文化
derecha	右（→a la derecha de）
Economía	経済学
empanada	エンパナーダ（料理）
entrada	入場券、入口
envidia	羨望、うらやみ
escuela	学校
estación	駅
estantería	棚、本棚
exposición	展示、展覧会
expresión	表現
fábrica	工場
falda	スカート
familia	家族
farmacia	薬局
fecha	日付
fiesta	パーティー、お祭り
Física	物理学
flor	花
foto	写真（fotografía の略）
gafa	（複数形で）めがね
galleta	ビスケット
gente	人々
gramática	文法
granja	農場
guitarra	ギター
habitación	部屋
hambre	空腹
hamburguesa	ハンバーガー
Historia	歴史学
historia	歴史
hora	時間
iglesia	教会

Informática	情報科学
inmigración	移民、移住
lección	課、授業、レッスン
leche	牛乳
lengua	言語
lengua	言語
librería	本屋
Lingüística	言語学
Literatura	文学
llave	鍵
mañana	朝、午前（→por la mañana）
mano	手
manzana	リンゴ
Matemáticas	数学
media	（時刻表現で）半、30分
mesa	机、テーブル
mochila	リュック
montaña	山
moto	バイク（motocicleta の略）
música	音楽
naranja	オレンジ
naturaleza	自然
noche	夜（→por la noche）
oficina	オフィス、事務所
oliva	オリーブ（の実）
opción	選択肢
pachamanca	パチャマンカ（料理）
paella	パエリア
pampa	パンパ、大草原
panadería	パン屋
papa	ジャガイモ（スペインでは patata）
parada	停留所
película	映画
pena	→vale la pena

名詞 女性名詞（人以外）

pierna	脚（足首から上）
planta	植物、（建物の）階
playa	ビーチ、浜辺
plaza	広場
puerta	ドア、門
radio	ラジオ
realidad	現実
receta	処方箋、レシピ
remera	Tシャツ（スペインでは camiseta）
revolución	革命
salsa	ソース、サルサ（音楽）
semana	週
silla	椅子
sopa	スープ
suerte	運、ラッキー
tanguería	タンゲリア（タンゴを踊る場所）
tarde	午後、夕方（→por la tarde）
tarea	宿題、作業
tarjeta	カード
tarta	ケーキ
tele	テレビ（televisión の略）
tienda	店
tintorería	クリーニング屋
toalla	タオル
torre	塔、タワー
tostada	トースト
universidad	大学
vaca	雌牛
ventana	窓
verdura	野菜
vez	回、回数（→alguna vez, otra vez）
vida	生活、暮らし、人生

名詞 人に関する名詞

abuelo/la	m/f	祖父、祖母
alemán/mana	m/f	ドイツ人（ドイツ語）
amigo/a	m/f	友達
cajero/a	m/f	レジ係
camarero/a	m/f	ウエイター、ウエイトレス
chico/ca	m/f	少年、少女、青年
chino/na	m/f	中国人（中国語）
compañero/ra	m/f	仲間
coreano/a	m/f	韓国人（韓国語）
costarricense	mf	コスタリカ人
director/ra	m/f	部長、校長
empleado/a	m/f	従業員、社員
español/la	m/f	スペイン人（スペイン語）
estadounidense	mf	アメリカ人
estudiante	mf	学生、生徒
extranjero/ra	m/f	外国人
francés/cesa	m/f	フランス人（フランス語）
futbolista	mf	サッカー選手
gaucho/cha	m/f	ガウチョ（カウボーイ）
guía	mf	ガイド
hermano/a	m/f	兄弟姉妹
hombre	m	男性、男の人、人間
ingeniero/a	m/f	技師、エンジニア
inglés/lesa	m/f	イギリス人（英語）
japonés/nesa	m/f	日本人（日本語）
jefe/a	m/f	上司、リーダー
joven	mf	若者
madre	f	母親
maestro/a	m/f	（小学校の）先生
maya	mf	マヤ人（マヤ語）
mexicano/na	m/f	メキシコ人
nieto/ta	m/f	孫
niño/a	m/f	幼児、少年、少女
novio/via	m/f	恋人

名詞 人に関する名詞

padre	m	父親
periodista	mf	ジャーナリスト、新聞記者
peruano/na	m/f	ペルー人
policía	mf	警察
presidente/a	m/f	社長、大統領
primo/ma	m/f	いとこ
profesor/ra	m/f	教員、先生
quechua	mf	ケチュア人（ケチュア語）
señor	m	男性、〜さん（男性の敬称）
taxista	mf	タクシー運転手
tío/a	m/f	叔父、叔母
trabajador/ra	m/f	労働者
turista	mf	旅行者、観光客
vecino/na	m/f	隣人、近所の人

ラテアメ！スペイン語
―ラテンアメリカ縦断―
別冊「語彙集」

©2023 年 1 月 30 日　初版発行

著　者　　　　　　　　　　　　　　　　柳田　玲奈

　　　　　　　　　　　　　　　　　　　吉野　達也

発行者　　　　　　　　　　　　　　　　小川洋一郎

発行所　　　　　　　　　　　　　　　　朝日出版社

〒１０１－００６５東京都千代田区西神田３－３－５

電話０３（３２３９）０２７１

FAX０３（３２３９）０４７９

https://text.asahipress.com/spanish/

印刷・製本　　　　　　　　　　　　　　錦明印刷（株）

5 ラテンアメリカのスペイン語

この教科書ではラテンアメリカのスペイン語を積極的に扱っています。スペインのスペイン語と以下のような違いがありますが、どちらを使用してもほぼ問題なく意思疎通できます。

「君たち、あなた方」　スペインでは複数の相手を指す際に、それが家族や友人など親しい人たちであれば vosotros を、そうではなく目上の人や初対面の人たちであれば ustedes を使います。しかしラテンアメリカでは、どちらの場合も ustedes を使い、vosotros は使いません。またそれに伴い、動詞の活用もスペインでは6種類ありますが、ラテンアメリカでは基本的に5種類です。

「君」　1人の相手を指す代名詞として、スペインを中心に tú が使われますが、ラテンアメリカには vos という語が使われる地域があります。tú のみを使う地域、tú と vos を併用する地域、vos のみを使う地域など、複雑に分布しているのです。本書では tú のみ扱っていますが、vos 使用地域でも tú はちゃんと理解されます。

6 コロンブスのラテンアメリカ到達

航海士コロンブスは、「地球は丸い」という当時画期的だった学説を信じ、ヨーロッパから西へ大西洋を渡って、当時のヨーロッパにとっては東の地だったアジアへ行く大航海を企画します。ちょうどレコンキスタが完成してイベリア半島から勢力拡大を狙っていたスペインの資金援助を得て、コロンブスの命をかけた大航海が実現しました。1492年、必死の航海を経てたどり着いた陸地にいた浅黒い肌をした先住民を見て、コロンブスはそこをインドだと思い込み、現在のカリブ海の島々に「西インド諸島」という名前をつけました。ここからスペインは「太陽の沈まぬ国」への道を歩み始めます。

7 ラテンアメリカの文明

古代からラテンアメリカには複数の文明が興っており、各地にその遺跡が残されています。

マヤ文明 （紀元前600年頃～16世紀頃）	現在のメキシコ南東部およびグアテマラを含むユカタン半島を中心に興る。2000年以上にもわたって高度な石器文化を築き、暦やマヤ文字も発明された。現代においても800万人を超えるマヤ人がこの地で暮らしていると言われる。
インカ帝国 （1200年頃～1533年）	現在のペルーを中心に興り、最盛期である15世紀にはエクアドル、ボリビア、チリの北部一帯を占める大帝国だった。文字や鉄器は持たなかったが、高度な灌漑農業を行い、石材建築技術も持っていた。
アステカ帝国 （13世紀半ば頃～1521年）	メキシコで勢力を誇る。インカ帝国と併行してメキシコ中央高原に都市を作ったアステカの人々は、絵文字を使ったりピラミッド型の神殿を作ったりして徐々に発展し、15世紀半ばに全盛期を迎える。

なお、先住民の人口が激減した原因は、ヨーロッパ人の武力だけでなく、ヨーロッパ人が持ち込んだ天然痘、はしかなどの伝染病でもあったと言われています。

8 ラテンアメリカの先住民言語

　スペインがラテンアメリカに侵入する以前、ラテンアメリカ各地にはいくつもの民族が共同体を形成して暮らしていました。先住民が人口を減らすと共に彼らの言語が話される機会も減りましたが、現在でも以下に紹介するものをはじめ、多くの先住民言語が使用されています。

言語名	現在の話者	
ナワトル語	約150万人	メキシコ中央部を中心として存在したアステカ帝国で使用されていた言語。現在、メキシコの公用語のひとつ。
ケチュア語	約800万人	現在のペルーを中心として栄えたインカ帝国で使用され、多くの方言を持つ。ペルーとボリビアの公用語のひとつ。
グアラニー語	約500万人	パラグアイやアルゼンチン北東部で話される。
マヤ語	約85万人	ユカタン半島からグアテマラ、ホンジュラス一帯で話され、多くの方言を持つ。

9 ラテンアメリカ起源の食べ物

　私たちの身の回りにある食材には、ラテンアメリカ起源のものがたくさんあります。

スペイン語で友だちになろう

Estados Unidos

文法事項	母音と子音、二重母音、アクセント、基数詞（0～10）、スペイン語圏の名前
コラムテーマ	アメリカ合衆国のヒスパニック　アメリカ合衆国にあるスペイン語の地名

リョウはアメリカ合衆国に到着する。ファストフード店を訪れると、店員同士がスペイン語で話していたので、彼らにスペイン語で話しかける。Ryo llega a Estados Unidos. En un restaurante de comida rápida encuentra a unos empleados de habla hispana e intenta hablarles en español.

En un restaurante de comida rápida 🎧1-7

Ryo　　　　 : ¡Hola!

Empleada : ¡Hola! ¿Cómo estás?

Ryo　　　　 : Muy bien, gracias. Me llamo Ryo.
　　　　　　 Soy de Japón.

Empleada : ¡Bienvenido a Estados Unidos,
　　　　　　 Ryo!
　　　　　　 Yo me llamo Laura. Soy de
　　　　　　 México.

....

Ryo　　　　 : Pues, Laura, un café con leche,
　　　　　　 por favor.

Empleada : Muy bien. ¿Algo más?

Ryo　　　　 : No, gracias.

Empleada : O.K. Ahora mismo.

....

Ryo　　　　 : Adiós, Laura. Muchas gracias.

Empleada : Hasta luego, Ryo. ¡Suerte!

ファストフード店にて
- こんにちは！
- こんにちは！調子はどう？
- とてもいいよ、ありがとう。僕の名前はリョウ。日本出身だよ。
- アメリカ合衆国へようこそ、リョウ！私の名前はラウラ。メキシコ出身だよ。
....
- それじゃ、ラウラ、カフェオレをお願い。
- オーケー。他には？
- いや、いいよ、ありがとう。
- オーケー、ただいま。
....
- さようなら、ラウラ。どうもありがとう。
- またね、リョウ。グッド・ラック！

¡Dialoguemos!

次の会話を、<u>スペイン語で</u>してみよう。Practica con tu compañero(a) <u>en español.</u>

— こんにちは。僕の名前は（　**自分の名前**　）。（　**場所**　）出身だよ。

— こんにちは。私の名前は（　**自分の名前**　）。（　**場所**　）出身だよ。

— 調子はどう？

— とてもいいよ、ありがとう。

イントネーション　疑問文のイントネーションは、文末を上げます。ただし cómo などの疑問詞を使った疑問文の場合は、文末が下がることもあります。モデル音声をよく聞いて、まねしてみましょう。

Gramática

1 母音 Vocales 🎧1-8

A a / E e / I i / O o / U u　　※アクセント記号をつけることがあります：Á á / É é / Í í / Ó ó / Ú ú

2 子音 Consonantes 🎧1-9

> 巻末の Suplemento 1
> 各課の文法補足を参照　補 L1 1 2

日本語の音でOK	日本語と違うけど単純	スペイン語特有なので要注意！
b バ行 bebida	**f** ファ行（下唇に上の前歯を軽く当てて） famoso	**c**（ca, co, cu はカ行、ce, ci はサ行※、c + 子音は [k]） casa, conocer, cine, lección
d ダ行 asado	**h**（読まない。ただし ch はチャ行） ahí, fecha	**g**（ga, go, gu はガ行、ge, gi はハ行（少し喉の奥の音）、gue はゲ、gui はギ） gaucho, gente, hamburguesa, guía
m マ行 mapa	**l** ラ行（英語の l とは違う） leche	**j** ハ行（少し喉の奥の音） Japón, extranjero
n ナ行 uno	**ñ** ニャ行 España	**ll** ジャ行※ paella
p パ行 pie	**v** バ行（b と同じ音） vaso	**q**（que はケ、qui はキ。これ以外はなし） queso, equipo
s サ行（シに注意） mesa, música	**x**（[s] か [ks]） examen, expresión	**r** ラ行（語中では舌先を弾く音、語頭と rr は舌先を震わせる音） parada, radio, guitarra
t タ行（チ・ツに注意） camiseta, tu, ti		**y** ジャ行※（語末および一文字ではイ） ya, yogur, hoy, y
		z サ行※（za, zo, zu のみで使用） zapato, chorizo

※ ce, ci, z, ll, y：地域により発音が異なります。（イントロダクション 4 参照）
※※ k, w は外来語などにのみ使われる文字です。

3 二重母音 Diptongos 🎧1-10　補 L1 3

母音が 2 つ並んでいて少なくともそのどちらかが i か u である場合、その 2 つの母音はセットでひとつの二重母音とみなします。母音の数を数える時は、二重母音を「1 つ」と数えることに注意！
例：aire　auto　familia　agua　euro　tienda　bueno　estudio　ciudad　etc...

4 アクセント（強勢）のルール Reglas del acento léxico 🎧1-11　補 L1 4

〈アクセント記号〉　〈語末の文字〉　〈アクセントの位置〉　〈例〉
ない　→母音か n か s ── 後ろから 2 番目の母音　asado, examen
　　　→n, s 以外の子音 → 最後の母音　yogur, hospital
ある ──────────→ 記号のついた母音　Japón, ahí

1 【リスニング】発音をよく聞いて、以下の数字を自分でも発音してみよう。 🎧1-12

0 cero	1 uno	2 dos	3 tres	4 cuatro	5 cinco
6 seis	7 siete	8 ocho	9 nueve	10 diez	

2 スペイン語として正しく発音してみよう。 🎧1-13

(1)　piano	(2)　tomate	(3)　paella	(4)　chocolate
(5)　alcohol	(6)　uno	(7)　hotel	(8)　café
(9)　radio	(10)　sopa	(11)　examen	(12)　Japón

3 スペイン語圏のいろいろな名前を正しく発音してみよう。 🎧1-14

(1)　名字：Gómez, Rodríguez, Fernández, González, Martínez, García, Sánchez

(2)　男性：Santiago, Sebastián, Luis, Juan, Carlos, Jorge, José (Pepe), Miguel

(3)　女性：Sofía, María, Rosa, Carmen, Laura, Dolores (Lola), Lucía, Paula

4 自分の名前をアルファベットで書いて、スペイン語風に読んでみよう。

5 【リスニング】発音される単語を聞き取って、正しいスペイン語のスペルで書いてみよう。

🎧1-15

(1)	(2)	(3)	(4)
(5)	(6)	(7)	(8)

6 【リスニング】以下は、とあるカフェのメニューです。4人の客が注文をします。音声を聞いて、それぞれの客が何を注文したのか聞き取ってみよう。（いずれの品も、注文している数量はひとつずつです。） 🎧1-16

COMIDA （食べ物）	BEBIDA （飲み物）
bocadillo de jamón （ハムサンド）	café solo （ブラックコーヒー）
bocadillo de queso （チーズサンド）	café con leche （カフェオレ）
tostada （トースト）	chocolate （ココア）
hamburguesa （ハンバーガー）	jugo de naranja （オレンジジュース）
pastel de chocolate （チョコケーキ）	agua （水）
flan （プリン）	coca cola （コーラ）
helado （アイスクリーム）	cerveza （ビール）

アメリカ合衆国のヒスパニック

　2020年のアメリカ合衆国の人口は約3億3000万人で、その内ラテンアメリカにルーツを持ち、スペイン語を話すヒスパニック系は約6000万人います。2050年にはヒスパニック系が総人口の25％程度を占めると言われています。例えばメキシコにルーツがある人たちは、チカーノ（chicano(na)）と呼ばれており、ヒスパニック系の多数を占めます。

　このような事から、カリフォルニア、テキサス、フロリダなどといった南部の州では、日常生活でスペイン語が当たり前のように使われています。南部の州を訪れた観光客はスペイン語がかなり通じることに気が付くはずです。アメリカ合衆国へ行く人は、英語に加えてスペイン語も話すことができれば、現地の人とのコミュニケーションがより楽しめそうですね。

ロサンゼルスにあるチカーノの壁画。「We are NOT A minority!!」と書かれている。

© 吉澤静香

 ラテンアメリカこぼれ話 アメリカ合衆国にあるスペイン語の地名

　米国西部は元々メキシコの領土だったのでスペイン語の地名が今でも残っています。

Los Ángeles	ロス・アンヘレス	San Francisco	サン・フランシスコ	
Las Vegas	ラス・ベガス	San Diego	サン・ディエゴ	など

　アメリカ合衆国なのに、ラテンアメリカの文化を味わえて驚いたよ。もっとスペイン語が喋れるようになって、たくさんのヒスパニック系の人たちと話がしたいな。

¡Desarrollemos!

　アメリカ合衆国にあるスペイン語の地名を他にも探してみよう。また、なぜアメリカ合衆国にスペイン語の地名が多いのかも調べてみよう。

慣用句を便利に使おう

México

文法事項	名詞の性・数、職業名、冠詞、指示詞（este, ese）
コラムテーマ	アメリカ合衆国とメキシコの国境　市場

リョウは陸路で米国からメキシコに渡る。国境を渡ったあと、ティフアナの市場に立ち寄る。Ryo cruza la frontera entre EE.UU. y México. Luego visita un mercado de Tijuana.

En la inmigración 🎧1-17

Ryo	: Hola, buenas tardes.
Inspectora	: Pasaporte, por favor.
Ryo	: Aquí tiene. Soy turista.
Inspectora	: ¿Cuántos días?
Ryo	: Unas dos semanas.
Inspectora	: De acuerdo, buen viaje.
Ryo	: Gracias.

入国審査にて
- こんにちは。
- パスポートお願いします。
- どうぞ。僕は観光客です。
- 何日（滞在の予定）ですか？
- 約２週間です。
- 分かりました。よい旅を。
- ありがとう。

En un mercado de Tijuana 🎧1-18

Ryo	: Oiga, ¿qué es esto?
Vendedor	: Buenas. Esto es una calavera.
Ryo	: Ah, vale. Una, por favor. ¿Cuánto es?
Vendedor	: Diez pesos.
Ryo	: Aquí tiene.
Vendedor	: Gracias, joven. Hasta luego.
Ryo	: Adiós.

ティフアナの市場にて
- すみません、これは何ですか？
- どうも、これはカラベラですよ。
- ああ、なるほど。ひとつください。いくらですか？
- 10ペソです。
- どうぞ。
- ありがとう、お客さん。またどうぞ。
- さようなら。

¡Dialoguemos!

次の会話を、スペイン語でしてみよう。カッコ内は自由に考えよう。Practica con tu compañero(a) en español.

- すみません、これは何ですか？
- いらっしゃい。これは（　**名称**　）ですよ。
- ああ、なるほど。いくらですか？
- （　**数**　）（　**通貨**　）です。
- どうぞ。
- ありがとう、お客さん。またどうぞ。
- さようなら。

代表的な通貨　（数字が「１」以外なら、複数形にして使おう）

円 yen (yenes)　　ユーロ euro (euros)　　ドル dólar (dólares)　　ペソ peso (pesos)

1 名詞の性 El género de los nombres 🎧1-19 　　　　補L2 [1]

男性名詞 -o で終わる語が多い：bocadillo, helado
女性名詞 -a で終わる語が多い：semana, calavera

> -a で終わる男性名詞、
> -o で終わる女性名詞に注意！
> día, problema, tema...
> moto, foto, mano...

人や職業、国籍を表す名詞は、性別によって形を変えることがあります。
- 男性形の最後の -o を -a に変えて女性形を作る：herman**o** / herman**a**
- 男性形に -a を足して女性形を作る：profes**or** / profes**ora**
- 男女共通：tur**ista**, estudi**ante**

★職業などを表す名詞★　Profesiones 🎧1-20

-o を -a に変えて女性形を作る	-a を足して女性形を作る	男女共通
cajero レジ係 camarero ウエイター empleado 従業員、社員 ingeniero 技師、エンジニア maestro （小学校の）先生	director 部長、校長 trabajador 労働者 （近年は -e を -a に変えて女性形を作ることも多い。）	futbolista サッカー選手 jefe 上司、リーダー periodista ジャーナリスト policía 警察官 presidente 社長、大統領

2 単数形と複数形 El número de los nombres 🎧1-21 　　　補L2 [2]

母音で終わる語には -s をつける：bocadillo ⇔ bocadillo**s**
子音で終わる語には -es をつける：profesor ⇔ profesor**es**

> アクセント記号をつけたり外したり
> しなければいけない語に注意！
> joven ⇔ jóvenes
> estación ⇔ estaciones

3 定冠詞と不定冠詞 Los artículos 🎧1-22

定冠詞：どれを指しているか相手が特定できるものにつけます。

「その、それらの、例の」	単数	複数
男性	el amigo	los amigos
女性	la amiga	las amigas

不定冠詞：初めて話題にするものや、どれを指しているか相手からは特定できないものにつけます。

「あるひとつの、いくつかの」	単数	複数
男性	un amigo	unos amigos
女性	una amiga	unas amigas

※不定冠詞複数形 + 数詞＝「約、およそ」　unos diez profesores 約 10 人の先生たち

4 指示形容詞「この、その」Los demostrativos 🎧1-23 　　　補L2 [3][4]

直後にある名詞を具体的に指示します。名詞の性数に合わせて変形します。

	「この、これらの」		「その、それらの」	
	単数	複数	単数	複数
男性	este amigo	estos amigos	ese amigo	esos amigos
女性	esta amiga	estas amigas	esa amiga	esas amigas

※単独で**指示代名詞**としても使用できます。　　**Este** es un mercado.　これは市場だよ。
※名称が分からないものを指すには、**中性形**（**esto**, **eso**）を使います。
　¿Qué es **esto**? – **Esto** es una calavera.

1 自分の辞書か語彙リストを使って、次の名詞の意味を調べ、男性名詞と女性名詞に分けよう。

🎧1-24

agua, ajo, cebolla, flan, helado, leche, queso, tomate, tenedor, vaca, ascensor, bar, botella, examen, cuaderno, flor, llave, ordenador, computadora, universidad, estación

男性名詞		女性名詞	
スペイン語	日本語	スペイン語	日本語

2 次のものをお店で注文してみよう。 🎧1-25

> 複数形にするのを
> 忘れずに！

(1) サンドイッチ２つ

(2) プリン３つ

(3) コーヒー４つ

(4) ノート２冊

(5) フォーク５本

3 名詞の性と数に注意して、名詞の前に<u>定冠詞</u>をつけよう。

(1) (　　　　) bar

(2) (　　　　) ordenadores

(3) (　　　　) llaves

(4) (　　　　) computadoras

(5) (　　　　) niños

(6) (　　　　) universidad

4 <u>不定冠詞</u>を使って、次の日本語をスペイン語にしよう。

(1) ひとつの鍵 ＿＿＿＿＿＿＿＿＿＿

(2) いくつかの大学 ＿＿＿＿＿＿＿＿＿＿

(3) １人の友人（男性）＿＿＿＿＿＿＿＿＿＿

(4) 数人の男の子たち ＿＿＿＿＿＿＿＿＿＿

(5) １台のパソコン ＿＿＿＿＿＿＿＿＿＿

(6) いくつかのバル ＿＿＿＿＿＿＿＿＿＿

5 次の日本語を、指示形容詞を使ってスペイン語にしよう。

(1) この大学 ＿＿＿＿＿＿＿＿＿＿＿＿＿＿＿

(2) これらの友人たち（男女混合）＿＿＿＿＿＿＿＿＿＿＿＿＿＿＿

(3) その男の子 ＿＿＿＿＿＿＿＿＿＿＿＿＿＿＿

(4) それらのボトル ＿＿＿＿＿＿＿＿＿＿＿＿＿＿＿

(5) この駅 ＿＿＿＿＿＿＿＿＿＿＿＿＿＿＿

(6) その鍵 ＿＿＿＿＿＿＿＿＿＿＿＿＿＿＿

アメリカ合衆国とメキシコの国境

　海に囲まれた日本に住む我々にとって、陸の国境を超えることは非常に新鮮な感覚ですよね。アメリカ合衆国とメキシコの国境ではそれが体験できます。徒歩でも越境することができますが、注意しなければならないのは、人が多いので入国審査を受けるまでかなりの時間を要することです。たくさんの荷物を持っている場合は、しっかりとした荷物検査を受ける必要もあります。車でアメリカ合衆国に入国する場合は、数時間待つこともよくあります。

　隣町に行くような感覚で越境しても、米国とメキシコとでは人々や街並み、文化の違いがあり、旅行者は驚くことでしょう。

メキシコから米国へ入国する車列（メヒカリにて）

国境の壁（メヒカリにて）

 ラテンアメリカこぼれ話 市場

　ラテンアメリカでは市場巡りがおすすめ。民芸品は国や地域によってあらゆる種類があり、その魅力に取りつかれる旅行者がたくさんいます。この課に登場したカラベラ（calavera, ガイコツ）はメキシコを代表する民芸品です。

有名な国境の壁が見られたし、歩いて国境を渡ることもできて、貴重な経験ができたよ。これからはずっとスペイン語圏。色々な国での人との出会いが楽しみだな。

¡Desarrollemos!
以下のメキシコの民芸品について調べてみよう。
sombrero / sarape / hamaca / talavera de Puebla

感動を伝えよう

文法事項	主語人称代名詞、ser、国籍、疑問文と否定文、形容詞、感嘆文 "¡Qué+ 形容詞！"
コラムテーマ	メキシコの音楽　メキシコの豊かな食材

リョウはメキシコの旅行を続け、グアダラハラに到着する。音楽に興味のあるリョウは、本場のマリアッチの音楽を聞くために
ミュージシャンが集まる広場に行く。Ryo sigue viajando por México y llega a Guadalajara.

En la plaza 🎧 1-26

Ryo : Buenas noches.

Músico : Buenas noches, chico.
Somos un grupo de Mariachi.

Ryo : Una canción alegre y famosa, por favor. ¿Cuánto es?

Músico : Cien pesos.

Ryo : De acuerdo. Toma.

Músico : Gracias, entonces, tocamos "Cielito Lindo". Es una canción muy famosa. Compañeros, ¡vengan!

....

Ryo : ¡Qué bonita!

> 広場にて
> ● こんばんは。
> ● こんばんは。私らはマリアッチのグ
> 　ループだよ。
> ● 陽気で有名な歌を1曲お願いします。
> 　いくらですか？
> ● 100 ペソだよ。
> ● OK。はい。
> ● ありがとう。それじゃ『シエリート・
> 　リンド』を弾こう。とても有名な歌だよ。
> 　みんな、やるぞ！
> ....
> ● すごく素敵だね！

¡Dialoguemos!

次の会話を、スペイン語でしてみよう。カッコ内は自由に考えよう。Practica con tu compañero(a) en
español.

― （ **形容詞** ）な歌を1曲お願いします。いくらですか？
― （ **数** ）ペソだよ。
― OK。はい。
― ありがとう。それじゃみんな、やるぞ！
〜歌う〜
― すごく（ **形容詞** ）だね！

形容詞 bonito / lindo / famoso / alegre / tradicional

1 主語になる代名詞と動詞 ser Los pronombres personales de sujeto y el verbo *ser* 1-27

		単数		複数	
自分	1人称	yo	**soy**	nosotros / nosotras	**somos**
相手	2人称	tú	**eres**	vosotros / vosotras	**sois** 西
その他	3人称	usted	**es**	ustedes	**son**
		él / ella		ellos / ellas	

- 動詞は主語に合わせて活用して使います。
- tú も usted も一人の相手を指し、tú は親しい相手に、usted は敬語で話すような相手に使います。文法上 tú は2人称、usted は3人称に分類され、対応する動詞の活用形が異なります。
- ラテンアメリカでは、tú の複数形も usted の複数形も ustedes になり、対応する動詞は3人称の活用形です。スペインのみ tú の複数形に vosotros を使い、usted の複数形と区別します。（イントロダクション 5 参照）
- 複数で男女混合の場合は、男性複数形を使用します。

    Yo soy estudiante. 僕は学生だ。   Tú eres mexicano. 君はメキシコ人だ。
    Ella es mexicana.   Santiago y Laura son mexicanos.

★国籍を表す名詞★ Nacionalidades 「〜の」という形容詞としても使用します。 1-28

-o を -a に変えて女性形を作る	-a を足して女性形を作る	男女共通
mexican**o** / mexican**a**	japonés / japones**a**	estadounid**ense**
peruan**o** / peruan**a**	español / español**a**	costarric**ense**

2 疑問文と否定文 Las oraciones interrogativa y negativa 1-29

- Sí/No で答えられる疑問文 → ¿Ella es mexicana? ¿Es ella mexicana?
- 疑問詞を使った疑問文（第4課参照）
- 否定文 → Ella no es mexicana.

3 形容詞 Los adjetivos 1-30   補L3 1

通常、名詞の後に並べて、前にある名詞を説明します。
名詞に合わせて性および数の変化をします。（数変化のルールは名詞と同じ）

- 男性単数形が -o で終わる形容詞は、-o を -a に変えて女性形を作る。

un grupo famos**o**	unos grupos famos**os**
una canción famos**a**	unas canciones famos**as**

- 男性単数形が -o 以外で終わる形容詞は、男女同形（＝性の変化なし）。

un grupo alegre	unos grupos alegre**s**
una canción alegre	unas canciones alegre**s**

Tú eres simpático y trabajador. 君は親切で働き者だ。
Las profesoras son amables y divertidas.   Esta salsa es picante.

4 感嘆文：¡Qué + 形容詞！ Oraciones exclamativas: ¡*Qué* + adjetivo! 1-31   補L3 2

形容詞は対象となる名詞に合わせて性・数変化をします。
    （canción に対して）¡Qué bonita! すごく素敵だね！
    （amigos に対して）¡Qué divertidos!

1 「主語の代名詞＋動詞 ser の活用形＋国籍を表す名詞」の文型を使って、次の日本語をスペイン語にしてみよう。

(1) 僕（男性）は日本人だ。 _____

(2) 私（女性）は日本人だ。 _____

(3) 僕たち（男女混合）は日本人だ。 _____

(4) 私たち（女性のみ）は日本人だ。 _____

(5) 君（女性）はメキシコ人かい？ _____

(6) あなた（男性）はスペイン人ですか？ _____

(7) 彼ら（男性のみ）は日本人ではない。 _____

(8) あなた方（女性のみ）はアメリカ人ですか？

_____

(9) マリアと僕はペルー人だ。 _____

(10) ホセと君はスペイン人だ。 _____

2 【リスニング】形容詞を聞き取って正しいスペルで書き、語彙リストで意味を調べよう。 🎧 1-32

	スペイン語	日本語		スペイン語	日本語
(1)			(5)		
(2)			(6)		
(3)			(7)		
(4)			(8)		

3 名詞の性数に注意して、それに合わせた形容詞を入れよう。

(1) 背の高い先生　　　　 → un profesor [　　　　　　　　　　　　　]

(2) 楽しい授業　　　　　 → una clase [　　　　　　　　　　　]

(3) 感じの良い少年たち　 → unos chicos [　　　　　　　　　　　]

(4) 勤勉な学生たち　　　 → unas estudiantes [　　　　　　　　　　]

(5) 辛いソース　　　　　 → una salsa [　　　　　　　　　]

(6) 小さな駅　　　　　　 → una estación [　　　　　　　　　　]

(7) 安い車　　　　　　　 → unos coches [　　　　　　　　　　]

(8) 素敵な大学　　　　　 → unas universidades [　　　　　　　　　　]

4 対象となる名詞に注意して、¡Qué ＋形容詞！の文型を使って感想を言ってみよう。

(1) casa に対して「すごく素敵だね！」

(2) universidad に対して「すごく大きいね！」

(3) salsa に対して「すごく美味しいなぁ！」

(4) bocadillos に対して「すごく美味しいなぁ！」

(5) calaveras に対して「（値段が）すごく高いなぁ！」

メキシコの音楽

　メキシコ音楽の代表的なジャンルと言えば、マリアッチが挙げられます。メキシコの中部、ハリスコ州が発祥と言われており、婚礼の儀式のために音楽隊が演奏したことが起源と言われています。たいていは３人から５人編成で、ギター、バイオリン、トランペットなどの楽器を使います。

　メキシコでは古くから、男性が恋人にマリアッチの演奏をプレゼントする「セレナータ」と呼ばれる風習があります。また、誕生日会などの家族のパーティーにもマリアッチを呼ぶこともあり、マリアッチの楽団は日常生活においても身近なものです。

マリアッチの楽団

 ラテンアメリカこぼれ話　●● 　メキシコの豊かな食材

市場でウチワサボテン (nopal) を売る男性

　我々が日頃よく食べる、トマト、ナス、ジャガイモ、サツマイモ、カボチャ、トウガラシ、カカオなどは中南米が原産です。メキシコの市場に行けばトマトでも十種類以上の品種を目にするでしょう。メキシコならではの食材と言えば、ウチワサボテン (nopal) が有名です。外側のとげと皮をはぐと中からとろみのついた柔らかい緑の身が出てきます。それを軽くゆでてチーズと和えれば、サラダの出来上がりです。ウチワサボテンの食感はオクラの様にねばりがあり、強い酸味もあります。ビタミンＣが豊富と言われ、栄養満点です。

マリアッチの音楽は最高だったよ。あと、僕が一番気に入ったメキシコ料理は、グアダラハラを代表するポソレだね。豚肉がたくさん入ったスープにトウモロコシも入って具だくさんだよ。

¡Desarrollemos!

メキシコ料理には、ポソレの他にも以下のようなものがあります。
それぞれどのような料理なのか調べてみよう。

tacos / guacamole / chilaquiles / quesadilla / mole

いろいろな動詞を使おう

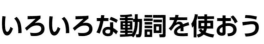

México

文法事項	規則活用動詞、疑問詞（qué, dónde, cuándo）、所有詞、親族名称
コラムテーマ	メキシコ文化の多様性　メキシコの観光

リョウはメキシコの南東部、ユカタン半島に到着する。先住民であるマヤ族の村を訪問し、彼らの生活に触れる。Ryo llega a la Península de Yucatán y visita un pueblo maya para conocer su vida.

En un pueblo de los mayas 🎧1-33

Señora : Esta es mi casa.
Ryo   : Con permiso. ¡Ah, qué bonita!
Señor : Cuidamos nuestra cultura maya desde hace muchos siglos.
Ryo   : Oiga, ¿cuándo usan la lengua maya?
Señor : Usamos el maya cuando hablamos con nuestra familia y vecinos.
Señora : Hoy preparamos barbacoa yucateca. Se llama *poc chuc*.
Señor : Comemos juntos, chico.
Ryo   : ¡Genial! ¡Muchas gracias!

マヤ族の人たちの村にて
● これが私の家よ。
● お邪魔します。わぁ、素敵ですね！
● 何世紀も前から、私たちは自分たちのマヤ文化を守っているんだ。
● あの、あなた方はマヤの言語をいつ使いますか？
● 自分の家族や近所の人たちと話すときにマヤ語を使うよ。
● 今日はユカタンのバーベキューを作ろう。ポック・チュックという名前よ。
● 一緒に食べよう。
● やった！ありがとうございます！

¡Dialoguemos!

— これが私の（　**名詞**　）だよ。
— わぁ、（　**形容詞**　）だね！

— 今日、君は何を作るの？
— 今日は（　**料理名**　）を作るよ。一緒に食べよう。
— やった！ありがとう！

形容詞 divertido / guapo / rico / romántico / viejo / pequeño / largo / elegante / grande / picante / bonito / lindo / cómodo / interesante

1 規則活用動詞 Presente de indicativo de los verbos regulares 🎧1-34

-ar 動詞 : tom**ar**

yo	tom**o**	nosotros	tom**amos**
tú	tom**as**	vosotros	tom**áis** 西
usted/él	tom**a**	ustedes/ellos	tom**an**

¿Tomas agua, Luis?
– No, gracias. Tomo cerveza.
ルイス、水飲む？
—いや、ありがとう。僕はビールを飲むよ。

-er 動詞 : com**er**

com**o**	com**emos**
com**es**	com**éis** 西
com**e**	com**en**

-ir 動詞 : abr**ir**

abr**o**	abr**imos**
abr**es**	abr**ís** 西
abr**e**	abr**en**

Tomamos ese tren.   Siempre comemos juntos.
Cuando termina la clase, abrimos las ventanas.

> ●否定で尋ねられた場合、日本語の習慣とは逆の返事をすることになるので注意！ 🎧1-35
> ¿No comes carne? 君はお肉を食べないの？
> - Sí, como carne. いや、食べるよ。 / No, no como carne. うん、食べないよ。

2 疑問詞 (1) Los interrogativos (1) 🎧1-36

qué	何	¿Qué tomas? - Tomo un café.
dónde	どこ	¿Dónde trabajas? - Trabajo en una panadería.
cuándo	いつ	¿Cuándo llegas a Kioto? - Llego mañana.

• 疑問詞を使った疑問文では、必ず「**疑問詞 + 動詞 + 主語**」の語順になります。

3 所有詞 Los determinantes posesivos 🎧1-37

後ろの名詞に合わせて形容詞と同じ変化をします。

所有物／持ち主	単数		単数		複数		複数	
	男性名詞		女性名詞		男性名詞		女性名詞	
私の	mi		mi		mis		mis	
君の	tu		tu		tus		tus	
あなたの、彼(女)の	su	libro	su	casa	sus	libros	sus	casas
私たちの	nuestro		nuestra		nuestros		nuestras	
君たちの	vuestro		vuestra		vuestros		vuestras	
あなた方の、彼(女)らの	su		su		sus		sus	

所有詞を語尾変化させて複数形にしても、持ち主の人数は増えないので注意！

★親族名称★ Vocabulario de la familia 🎧1-38

padre/madre 父・母   hermano(-na) 兄弟・姉妹   abuelo(-la) 祖父・祖母
primo(-ma) いとこ   tío(-a) おじ・おば   nieto(-ta) 孫

1 次の動詞の活用表を、ノートに書いてみよう。

(1) estudiar   (2) llegar   (3) comprar   (4) desayunar   (5) beber

(6) leer   (7) vivir   (8) escribir

2【リスニング】活用形を聞いて、その動詞の基本形と意味、そして活用の主語を答えよう。

🎧 1-39

	基本形	意味	主語（○で囲もう）
(1)			yo tú él nosotros vosotros ellos
(2)			yo tú él nosotros vosotros ellos
(3)			yo tú él nosotros vosotros ellos
(4)			yo tú él nosotros vosotros ellos
(5)			yo tú él nosotros vosotros ellos
(6)			yo tú él nosotros vosotros ellos

3 カッコ内に適切な動詞の活用形を入れてみよう。

(1) Yo [　　　　　　　] música solo. 僕は1人で音楽を聴く。

(2) ¿Dónde [　　　　　　　] tú? 君はどこに住んでいるの？

(3) Carmen no [　　　　　　　] libros. カルメンは本を読まない。

(4) Nosotros [　　　　　　　] juntos los fines de semana. 僕らは週末一緒に夕食をとる。

(5) Este tren enseguida [　　　　　　　] a Kioto. この電車はもうすぐ京都に着く。

(6) ¿Qué [　　　　　　　] ustedes aquí? あなた方はここで何を召し上がりますか？

4 名詞に合うように、カッコ内に所有詞を入れてみよう。

(1) 私の大学 → [　　　　　　　] universidad

(2) 君の本 → [　　　　　　　] libros

(3) あなたのご両親 → [　　　　　　　] padres

(4) 彼女のお兄さん → [　　　　　　　] hermano

(5) 私たちの祖父母 → [　　　　　　　] abuelos

(6) 僕たちの家 → [　　　　　　　] casa

5 日本語を参考に、語彙を並べ替えて文を作ろう。ただし動詞は適切に活用して使用しよう。

(1) 僕は大学でスペイン語を勉強している。(la universidad / español / en / estudiar)

(2) 私たちは普段家で朝食をとる。(desayunar / normalmente / casa / en)

(3) あなた方は今日何を購入されますか？(ustedes / qué / comprar / hoy)

(4) 彼らは新聞を読まない。(no / leer / periódicos / ellos)

(5) 私は毎日たくさんのメッセージを書く。(mensajes / escribir / todos los días / muchos)

メキシコ文化の多様性

　ラテンアメリカでは先住民文化の多様性が豊かです。メキシコには 60 以上の先住民言語があり、都市部から少し農村に移動すると、都会の生活とは全く違う文化と言語を持つ先住民と出会うことができます。メキシコ南西部ではマヤ族の人々が暮らしており、彼らの間ではマヤ語が使われています。どちらかと言えば画一的な文化を持つ日本人にとっては、大きなカルチャーショックであると思います。

　メキシコを訪問した際は、是非先住民の村を訪れて、彼らの素朴でありながら豊かな文化に触れるのも良いでしょう。

マヤ族の民家

マヤ風バーベキュー、poc chuc

 ラテンアメリカこぼれ話　 メキシコの観光

　メキシコは世界的な観光地です。メキシコを訪れる際に外せないのは遺跡巡りです。テオティワカン（Teotihuacán）やチチェンイッツァー（Chichén Itzá）も有名ですが、ユカタン半島東部にあるトゥルム（Tulum）もお勧めです。カリブ海に面しているので、ゆったりと遺跡巡りをした後は、遺跡の下の海でひと泳ぎするのもよいですね。

ユカタン半島で見たカリブ海の美しさは素晴らしかったよ！マヤの村の体験も貴重だったね。メキシコ文化の奥深さを実感できたよ。

トゥルム遺跡

¡Desarrollemos!

以下に挙げるメキシコの魅力的な都市や遺跡について調べてみよう。
都市：Ciudad de México / Guadalajara / Cancún
遺跡：Teotihuacán / Chichén Itzá / Tulum

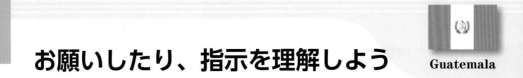

お願いしたり、指示を理解しよう

Guatemala

文法事項	tú と usted への肯定命令、直接目的語と間接目的語、a+ 不定詞、me「私を、に」、状態を表す estar、基数詞（20, 30, …100）
コラムテーマ	グアテマラのアンティグア　ラテンアメリカの通貨事情

リョウはグアテマラに到着する。スペイン語をもっと学びたいと考え、アンティグアにある語学学校を訪れる。Ryo llega a Guatemala y visita una escuela de idiomas en Antigua para aprender más español.

En una escuela de idiomas 🎧 1-40

Empleada : Buenas tardes. Pasa, pasa. ¿Qué deseas?

Ryo : Buenas tardes. ¿Cuánto es una clase de español?

Empleada : Mira, cuesta noventa dólares. Aprendes cinco horas y cuatro veces a la semana.

Ryo : También enséñeme la opción de hospedaje.

Empleada : Mira este papel, hay hospedaje desde cien dólares por una semana.

Ryo : Ah, gracias. Entonces, estudio en su escuela.

Empleada : Muy bien, joven. Escribe tu nombre y número de celular. Después te* llamamos.

* 目的語の te（第 9 課 ① 参照）

> 語学学校にて
> ●こんにちは。入って、入って。何の御用？
> ●こんにちは。スペイン語の授業はいくらですか？
> ●いい？ 90 ドルかかります。5 時間、週に 4 回学べますよ。
> ●宿泊場所の選択肢も見せてもらえますか。
> ●この紙を見て。週 100 ドルから宿泊場所がありますよ。
> ●ああ、ありがとう。それじゃ僕はおたくの学校で勉強します。
> ●OK。君の名前と携帯番号を書いてちょうだい。後で君に電話します。

¡Dialoguemos!

— こんにちは。（ **言語名** ）語の授業はいくらですか？
— こんにちは。いい？（ **価格** ）かかりますよ。
— ああ、ありがとう。それじゃ私はおたくの学校で勉強します。
— OK。君の名前と、携帯番号を書いてちょうだい。

言語名 japonés / inglés / español / francés / alemán / chino / coreano / quechua

基数詞
20 veinte	30 treinta	40 cuarenta	50 cincuenta	60 sesenta	70 setenta
80 ochenta	90 noventa	100 cien			

Introducción
Lección 1
Lección 2
Lección 3
Lección 4
Lección 5
Lección 6
Lección 7

1 tú と usted に対する肯定命令（依頼、許可） 🎧1-41   補L5 ①②

El imperativo para la 2.ª y 3.ª persona en singular

	tú	usted
-ar 動詞 mirar	**Mir<u>a</u>.** 見て。	**Mir<u>e</u>.** ご覧ください。
-er 動詞 comer	**Com<u>e</u>.** 食べて。	**Com<u>a</u>.** お召し上がりください。
-ir 動詞 escribir	**Escrib<u>e</u>.** 書いて。	**Escrib<u>a</u>.** お書きください。

tú に対する肯定命令には、直説法現在の 3 人称単数形（usted, él, ella の形）を使います。usted に対する肯定命令には、語末の母音を a → e、e → a と入れ替えます。

> ●動詞基本形が -gar, -car で終わるものに注意！ 🎧1-42
> 発音する時に子音の音が変わってしまわないように、-u- を入れる必要があります。
> 例：lleg**a** / lleg**ue**　toc**a** / toc**ue**

2 直接目的語と間接目的語 Los objetos directo e indirecto 🎧1-43   補L5 ③

- 多くの場合、日本語で「～を」となる要素は直接目的語で、「～に」となる要素は間接目的語です。
- 直接目的語は、動詞の後にそのまま並べます。ただし直接目的語が**人**である場合は、前置詞 **a** が必要です。
  Mañana visitamos <u>Antigua</u>. / Mañana visitamos **a** <u>nuestros abuelos</u>.
- 間接目的語は、直前に必ず前置詞 **a** が必要です。
  Escribo <u>muchos mensajes</u> **a** <u>mi hermana</u> todos los días.

3 a + 不定詞 El imperativo "a + infinitivo" 🎧1-44

主に呼びかけなどに使われる表現です。
¡Chicos, a comer! みんな、ごはんだよ！ / ¡A estudiar!

4 肯定命令 + me El imperativo con el pronombre *me* 🎧1-45

命令の形の直後に me をつけることで、「私を、私に」という意味を付け加えることができます。
動詞にはアクセント記号を足します。（不規則活用動詞の場合は例外があります。）
Mírame. 私を見て。（← Mira + me）
Enséñeme la gramática, por favor.（← Enseñe + me）
※動詞部分の、もともとアクセントのある母音にアクセント記号（´）を補います。

5 状態を表す動詞 estar El verbo *estar* para expresar el estado 🎧1-46

estoy	estamos
estás	estáis 西
está	están

主に形容詞と一緒に用い、主語がどういう状態かを表します。
¿Cómo estás? – Estoy muy bien.
El café está caliente.
Los bancos ya están cerrados.

> 形容詞は主語に合わせて性数変化します！

★状態を表す形容詞★ Adjetivos del estado 🎧1-47

cansado / contento / enfadado (enojado) / enfermo / feliz / nervioso / preocupado / triste / abierto / cerrado / caliente / frío / fresco / oscuro

1 次の動詞を、tú に対する命令になるよう活用してみよう。

(1)	estudiar		(4)	beber	
(2)	bailar		(5)	leer	
(3)	comprar		(6)	abrir	

2 今度は usted に対する命令になるよう活用してみよう。

(1)	estudiar		(4)	beber	
(2)	bailar		(5)	leer	
(3)	comprar		(6)	abrir	

3 【リスニング】指示にしたがってジェスチャーしてみよう。また、指示を日本語に訳してみよう。

🎧 1-48

(1)		(4)	
(2)		(5)	
(3)		(6)	

4 日本語に合うよう、「tú に対する命令形 + me」の形を作ってみよう。

(1) 「私を待って！」　　　¡ [　　　　　　　　　] !　　アクセント記号の追加を忘れずに！

(2) 「僕を手伝って！」　　　¡ [　　　　　　　] !

(3) 「私にメッセージを書いて。」　　　[　　　　　　　　　] un mensaje.

(4) 「僕にこの本を買って。」　　　[　　　　　　　　] este libro.

(5) 「私（の話）を聞いて。」　　　[　　　　　　　].

5 与えられた語句を適切に変化させて使い、状態を表す文を作ってみよう。

(1) 先生は喜んでいる。（estar, la profesora, contento）

(2) 窓は閉まっている。（estar, las ventanas, cerrado）

(3) スープはすでに冷めている。（estar, la sopa, frío, ya）

(4) 僕の両親は怒っている。（estar, mis padres, enojado）

(5) 子供たちは幸せだ。（estar, los niños, feliz）

6 数字をスペイン語にして、読んでみよう。それぞれ日本円だといくらになるのか、調べてみよう。

(1)	20 euros	円
(2)	40 dólares	円
(3)	100 yenes	
(4)	30 pesos mexicanos	円
(5)	70 pesos colombianos	円

補 L5 4

グアテマラのアンティグア

アンティグアの街並みとアグア山

アンティグアは、見た目が富士山とそっくりな、アグア山（Volcán de Agua) と呼ばれる火山のふもとにあります。この町は、スペイン植民地時代の16世紀から18世紀まで首都として機能していました。今でもコロニアル様式と呼ばれる植民地時代の古い街並みが残っており、気候も過ごしやすく住みやすい土地です。市街地にはスペイン語学校がたくさんあります。

 ラテンアメリカこぼれ話 **ラテンアメリカの通貨事情**

　ラテンアメリカを旅行する際に、気になるのがお金事情です。最近はクレジットカードに加え、デビットカードも使えるようになりました。しかし現金も持ち合わせる必要があり、各国で通貨が異なりますので注意が必要です。そこで以下の方法をお勧めします。

①米ドルの現金をあらかじめ準備しておく（日本で換金するのもお勧め）。
　ラテンアメリカでは米ドルがよく流通しており、米ドルで支払える場合もある。またどこでも現地通貨に換金できるので便利。

②入国する前に現地通貨の価値（対日本円、あるいは対米ドル）を確認しておく。
　複数の国で「ペソ」と呼ばれる通貨が使われているが、各国で価値が異なる「ペソ」なので注意。

③米ドルを現地通貨に換金する際、換金しすぎないよう注意。使い切れないこともある。

④現地通貨の高額紙幣はできるだけ持たない（高額紙幣ではお店でおつりが出ないことがよくある）。

アンティグアは気候もいいし、物価も安くて本当に過ごしやすいところだなあ。ここでしっかりとスペイン語を勉強して、さらに話せるように頑張るよ！

左はコロンビアのペソ、右はメキシコのペソ

¡Desarrollemos!

1000円に対する以下の通貨のレートがどれくらいなのかを調べてみよう。
（例：アルゼンチンペソの場合：「1000円　アルゼンチン」と検索する。）
メキシコ / グアテマラ / コロンビア / チリ / ベネズエラ / ペルー

どこにいるか、何があるかを確認しよう

Costa Rica

文法事項	所在地を表す estar、hay、位置関係を表す語句、疑問詞 (quién, cómo, por qué)
コラムテーマ	中米の優等生、コスタリカ　コスタリカの教育

リョウはコスタリカに到着。豊かな自然に触れるためにエコツアーに参加する。Ryo llega a Costa Rica y participa en un tour para conocer la naturaleza del país.

✕ En un parque natural 🎧 1-49

Guía : Bienvenidos, estamos en un parque
natural. En este bosque hay muchas
plantas y muchos animales.

Ryo : El 5% de todos los animales del mundo
está en Costa Rica, ¿verdad?

Guía : Sí, señor. Costa Rica es un país
pequeño, pero es un paraíso de
naturaleza. Mire allí, ¡hay un quetzal!

Ryo : ¡Qué bonito pájaro! Sobre todo su
color, es hermoso.

自然公園にて
- ●ようこそ、私たちはいま自然公園にいます。この森には、たくさんの植物と動物たちがいます。
- ●世界中の全動物の 5% が、コスタリカにいるんですよね？
- ●その通り。コスタリカは小さな国ですが、自然の楽園なんです。あそこをご覧ください、ケツァールがいます！
- ●なんて美しい鳥なんだ！特にあの色がきれいです。

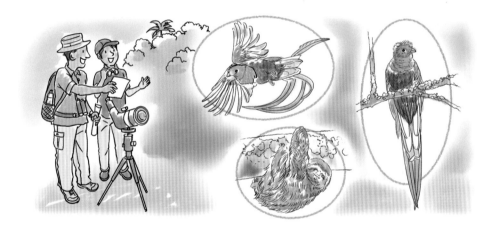

¡Dialoguemos!

— 今私たちは、私の街＊にいます。この街には、たくさんの（　存在するもの　）がありますよ。

— 日本にはたくさんのお寺＊があるんですよね？

— その通り。あそこをご覧ください！（　見えたもの　）があります！

— なんて（　形容詞　）な（　見えたもの　）なんだ！

＊ 街（女）ciudad、寺（男）templo

施設 bar / edificio / escuela / hotel / iglesia / mercado / museo / parque / plaza / restaurante / teatro / tienda / universidad

自然 canal / mar / río / montaña / playa / árbol

1 所在地を表す動詞 **estar** El verbo *estar* para localizar 1-50

- 場所の表現と一緒に使い、主語がどこにあるか、どこにいるかを表します。
- 固有名詞や定冠詞・所有詞つきの名詞など、**特定されているものの所在地**を表します。
  Hoy Miguel está en casa.　今日、ミゲルは家にいます。
  Nuestra universidad está en Osaka.

2 存在を表す動詞 **hay** La forma *hay* 1-51

- 何が存在しているのか、あるいは存在していないのかを表します。
- 不定冠詞・数量詞つきの名詞など、**不特定な人や物の有無や数量**を表します。
  Aquí hay un perro y unos niños.　ここに1匹の犬と数人の子供たちがいる。
  ¿Qué hay en el refrigerador? - Hay cuatro huevos y tres manzanas.

3 いろいろな位置関係を表す語句 Recursos para localizar 1-52　　補**L6** ①

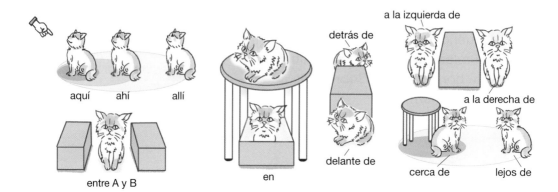

aquí　ahí　allí

entre A y B

en

delante de

detrás de

a la izquierda de

a la derecha de

cerca de　lejos de

Carmen no está **aquí**.
El diccionario está **en** mi mochila.
La mesa está **a la derecha del** sillón.　< de + el = del >

Hay una estación **entre** el hospital y el banco.
Delante de mi casa hay una parada de autobús.
Mi universidad está **cerca del** ayuntamiento.

4 疑問詞 (2) Los interrogativos (2) 1-53　　補**L6** ② ③

quién / -nes	誰	¿Quién es ella? - Es mi hermana.
cómo	どんな どうやって	¿Cómo es tu perro? – Es negro y muy pequeño. ¿Cómo llegas al colegio? – Llego en bicicleta.
por qué	なぜ	¿Por qué estudias español? – Porque es interesante.

- 疑問詞の前に前置詞を置くことがあります。
  ¿**De** dónde eres? - Soy de San José.　君はどこ出身？―サンホセ出身だよ。
  ¿**Con** quién estás? - Estoy con Sofía.　君は誰と一緒にいるの？―ソフィアと一緒にいるよ。

1 動詞 **estar** を主語に合わせて活用して [   ] に入れ、できた文を日本語に訳してみよう。

(1) ¿Dónde [   ] ustedes? - [   ] en la avenida Colón.

(2) Yo [   ] en la universidad, y mi hermano [   ] en casa.

(3) Oye, ¿ [   ] tú con Sebastián? - Sí, Sebastián y yo [   ] en la parada de autobús.

(4) ¿Dónde [   ] mis gafas? - [   ] en la estantería.

(5) ¿Rosa y tú ya [   ] en la cafetería? - No, [   ] todavía en la estación.

(6) ¿Dónde [   ] tu casa? - [   ] en Kobe.

2 イラストを見て、[   ] には **estar** の活用形を、下線部には位置を表す表現を自由に入れて、それぞれどこにあるか表してみよう。（できれば同じ表現を二度以上使わないようにしよう。）

(1) Los libros [   ] _____.

(2) La computadora [   ] _____.

(3) La puerta [   ] _____.

(4) El niño [   ] _____.

(5) Los gatos [   ] _____.

3 問２のイラストを見て、[   ] に **hay** を使った表現を書き入れ、それぞれの場所に何があるか表してみよう。存在しているものの数に従って、不定冠詞や基数詞をつけることに注意しよう。

(1) En la estantería [   ].

(2) Debajo de la cama [   ].

(3) Al lado de la silla [   ].

(4) Encima de la mesa [   ].

(5) A la izquierda de la ventana [   ].

4 下線部をよく観察して、返答文から疑問文を推測して [   ] 内に語句を補おう。

(1) ¿[   ] eres tú? - Soy de Nagoya.

(2) ¿[   ] estudias? - Estudio con Laura.

中米の優等生、コスタリカ

　コスタリカの国の面積は小さく、およそ日本の四国と九州を足したくらいの大きさです。しかし国土の大半が森林でおおわれた自然豊かな国で、多種多様な生物が存在します。コスタリカではそのような自然に触れて、環境問題に意識を向けてもらうための「エコツーリズム」が盛んです。

　またコスタリカは 1947 年以来、軍隊を放棄し永世中立国となっており、政治や経済もラテンアメリカの中では比較的安定していることから、「中米の優等生」として世界から高い評価を受けています。

コスタリカの森林

ケツァール (quetzal)

ラテンアメリカこぼれ話　　コスタリカの教育

　コスタリカは教育にも力を入れており、大学進学率は 50％を超え、先進国と変わらない割合です。その教育レベルの高さを見込んで、アメリカ合衆国の大手半導体メーカーがコスタリカに生産拠点を構えたこともありました。国内には国立、私立を含めて大きな大学が点在しています。もし時間があれば、キャンパスを訪れて大学の雰囲気を味わってみるのもお勧めです。

コスタリカ人が挨拶のように使う表現があるよ。¡Pura vida! って言うんだ。これを言えばみんなと仲良くなれるよ。
またコスタリカ人を tico, tica という愛称で呼ぶこともあるよ。

ナシオナル大学　　　© Jenny Porras

¡Desarrollemos!

以下のコスタリカを代表するものについて調べてまとめてみよう。
コスタリカのエコツーリズム / ケツァール / コスタリカの教育

しなければいけない、するつもり

Cuba

文法事項	yo のみ不規則活用する動詞、tener、ir、天候の表現
コラムテーマ	昔にタイムスリップできる街、ハバナ　キューバの名所、音楽

リョウはキューバに到着し、首都ハバナの市街地をタクシーで散策する。Ryo llega a Cuba y recorre por el centro de La Habana en taxi.

En un taxi 🎧 1-54

Ryo : Es como una película. Tiene un aire muy antiguo.

Taxista : Así es. Los edificios de este barrio están iguales desde los años cincuenta.

Ryo : ¿Cómo es el clima de La Habana?

Taxista : Hace bastante calor, pero por la tarde hay brisa y es agradable. ¿Ya conoces la Plaza de la Revolución?

Ryo : No, todavía no.

Taxista : Entonces, vamos. Tienes que conocerla*.

* 不定詞 + 目的語の代名詞（第 9 課 1 参照）

> タクシーにて
> ●まるで映画みたいだ。とても古めかしい景色です。
> ●そうなんだ。この地区の建物は 1950 年代から変わってないんだよ。
> ●ハバナの気候はどのようなものですか？
> ●かなり暑いが、夕方には潮風が吹いて快適だよ。革命広場にはもう行ったかい？
> ●いや、まだです。
> ●それじゃ、行こう。あそこは行くべきだよ。

¡Dialoguemos!

— （　**地名**　）の気候はどのようなものですか？
— （　**天候の表現**　）ですよ。もう（　**観光地名**　）には行きました？
— いや、まだです。行きましょう！

地名 Tokio / Osaka / Hokkaido / Okinawa

天候表現 hace calor / frío / fresco

観光地名 la torre Skytree / el Castillo de Osaka / el Zoológico Maruyama / la calle Kokusai-dori

Gramática

1 yo が主語の時のみ不規則活用する動詞（yo 以外が主語の時は規則活用） 1-55

Presente de indicativo de los verbos irregulares en primera persona singular

hacer

hago	hacemos
haces	hacéis 西
hace	hacen

salir (salgo)
poner (pongo)
conocer (conozco)　行った / 会ったことがある
saber (sé)　知っている

¿Qué haces? - Nada.

Yo siempre salgo de casa temprano.

La guagua sale de aquí.

Siempre pongo la llave aquí.

No conozco Nara, pero conozco Kioto. 僕は奈良には行ったことないけど、京都はあるよ。

No conocemos a los padres de Carmen. 私たちはカルメンのご両親に会ったことがない。

> 直接目的語が人であれば、前置詞 a をつけます。（第 4 課 1 参照）

No sé mucho de fútbol pero sé quién es Messi. 私はサッカーのことはよく知らないけど、メッシが誰かは
知ってるよ。

2 動詞 tener と ir Los verbos *tener* e *ir*

tener 1-56

tengo	tenemos
tienes	tenéis 西
tiene	tienen

Tengo dos hermanos.　私には兄弟が 2 人いる。
¿Tienes hambre?　君おなかすいてる？

● tener que + 不定詞「〜しなければいけない」

　Hoy tengo que hacer muchas tareas.

ir 🎧1-57

voy	**vamos**
vas	vais 西
va	**van**

¿A dónde vas? - Voy a la biblioteca.
　君、どこへ行くの？―図書館へ行くんだ。

● vamos a + 不定詞「〜しようよ」

　Vamos a comer en un restaurante chino.

● ir a + 不定詞「〜するつもりだ」

　Mañana voy a visitar el Museo de la Revolución.

3 天候の表現 Expresiones del tiempo atmosférico 🎧1-58

¿Qué tiempo hace hoy en La Habana?　今日ハバナの天気はどうですか？

Hace buen (mal) tiempo.　　　　　　　Está nublado.

Hace calor / frío.　　　　　　　　　　Hace viento / sol.

　＊ Está lloviendo / nevando.　雨 / 雪が降っている。（現在進行形→第 11 課 1 参照）

1 hacer の活用表を参考にして、以下の活用表を完成させよう。

salir

poner

conocer

saber

2 日本語訳を参考にして、カッコ内に適切な動詞の活用形を入れよう。

(1) Hoy [　　　　　　　] con Jorge. 今日僕はホルヘへと出かける。

(2) ¿Dónde [　　　　　　　] mi mochila? 私は私のリュックをどこに置けばいい？

(3) Yo no [　　　　　　　] tu número de teléfono. 僕は君の電話番号を知らない。

3 (1) 〜 (3) は hacer、(4) 〜 (8) は tener、(9) 〜 (12) は ir の適切な活用形をカッコ内に入れよう。また、和訳の下線部を補おう。

(1) ¿Qué [　　　　　　　] ustedes esta tarde? 君たち（あなた方）は今日の午後＿＿＿＿＿＿＿？

(2) [　　　　　　　] ejercicios todos los días. 僕たちは毎日＿＿＿＿＿＿＿。

(3) Hoy [　　　　　　　] un pastel de chocolate. 今日私はチョコレートケーキを＿＿＿＿＿＿＿。

(4) ¿Qué [　　　　　　　] en las manos? 君は両手に＿＿＿＿＿＿＿＿＿＿＿？

(5) [　　　　　　　] un gato, se llama Ñaqui. 僕は猫を＿＿＿＿＿＿＿＿＿＿＿、名前はニャキだよ。

(6) Juan y Pablo [　　　　　　　] tres clases hoy. フアンとパブロは今日＿＿＿＿＿＿＿＿＿。

(7) [　　　　　　　] 20 años. 私たちは＿＿＿＿＿＿＿。

(8) [　　　　　　　] que tomar mucha agua. 私たちはたくさんの水を＿＿＿＿＿＿＿＿＿。

(9) ¿A dónde [　　　　　　　] usted? あなたは＿＿＿＿＿＿＿＿＿＿＿？

(10) Ustedes siempre [　　　　　　　] juntos a comer.
君たち（あなた方）はいつも一緒に＿＿＿＿＿＿＿＿＿＿。

(11) [　　　　　　　] a escribir un mensaje a mi novia.
僕は恋人にメッセージを＿＿＿＿＿＿＿＿＿＿＿。

(12) Chicos, ¡ [　　　　　　　] a hacer una fiesta este sábado!
みんな、今週土曜日＿＿＿＿＿＿＿＿＿＿！

4 【リスニング】会話を聞いて、各地の天気を日本語でメモしよう。 🎧1-59

(1)	La Habana	
(2)	Cancún	
(3)	San José	

昔にタイムスリップできる街、ハバナ

　キューバはスペイン語で「クバ (Cuba)」、首都のハバナは「ラ・アバナ (La Habana)」と言います。キューバは世界的な観光地です。特に旅行者を魅了するのはハバナの街並みです。1950年代以前に作られた建物が、現在に至るまでそのまま残っており、この街を訪れた旅行者を驚かせます。お勧めは旧市街地区 (La Habana Vieja) とよばれるエリアで、あたかも昔にタイムスリップしたような気分になります。乗車するタクシーにも風情があり、1950年代のアメリカ産の車が未だに現役で使われています。ハバナでは、他の国ではなかなか経験することのできない、古き良き時代の雰囲気を味わうことができます。

ハバナの旧市街地区

キューバの革命広場

 ラテンアメリカこぼれ話　●● キューバの名所、音楽

　キューバはその国の美しさから「カリブ海の真珠」と呼ばれています。有名なのはバラデロビーチ (Playa de Varadero) で、美しい砂浜に感動することでしょう。

　そしてキューバと言えば音楽です。キューバ音楽は、ソン、ボレロ、コンガ、ルンバなど多彩なジャンルがあり、充実しています。その中でもブエナ・ビスタ・ソシアル・クルブ (Buena Vista Social Club) は代表的なグループで、まずは彼らの楽曲を聞いてみるのも良いでしょう。

キューバのきれいな海、アンティークな街並みに感動したよ。小説家ヘミングウェイがよく来ていたバーにも行って、良い記念になったなぁ。ラム酒をコーラで割ったお酒、クバ・リブレ (cuba libre) にも挑戦したよ。

バラデロビーチ

¡Desarrollemos!

以下のハバナの有名なスポットについて、どのような場所なのか調べてみよう。
旧市街地区 (La Habana Vieja) / 革命広場 (la Plaza de Revolución) / ヘミングウェイ博物館 (el Museo Ernest Hemingway)

Lección 8

許可を求めたり、相手の希望を尋ねたりしよう

Cuba

文法事項	代表的な不規則動詞（querer, poder, venir, oír, ver, dar）、頻度の表現
コラムテーマ	キューバってどんな国？　暑さをしのぐ方法

リョウは夕方にハバナのマレコン（海岸通り）を散策する。たくさんの地元の人が夕涼みに出ている様子を目にし、リョウはとある男性と会話する。Ryo da un paseo por el Malecón al atardecer.

✘ En el Malecón 🎧2-1

Señor : Chico, ¿de dónde vienes? ¿De China?

Ryo　: No, vengo de Japón.
　　　　Disculpe, ¿puedo preguntar algo?

Señor : ¿Cómo no? Dime.

Ryo　: ¿Qué tal la vida de ustedes? Quiero
　　　　saber la realidad de Cuba.

Señor : Mira, tenemos problemas sociales
　　　　como los otros países. Pero por lo
　　　　menos estoy contento con mi vida.

Ryo　: Ah, entiendo. La gente de aquí es
　　　　sencilla y amable. Quiero volver más
　　　　adelante.

Señor : Gracias. Eres siempre bienvenido.

> マレコン通りにて
> ● 少年、どこから来たんだい？中国かい？
> ● いえ、日本から来ました。
> 　すみません、ちょっとお尋ねしていいですか？
> ● もちろんだよ。言ってごらん。
> ● あなた方の生活はどんな感じですか？
> 　僕はキューバの現実を知りたいんです。
> ● いいかい、他の国と同じように社会問題はある。しかし、少なくとも私は自分の生活に満足しているよ。
> ● ああ、なるほど。ここの人々は素朴で親切です。いつかまた来たいです。
> ● ありがとう。いつでも歓迎するよ。

¡Dialoguemos! ❀ ❀ ❀ ❀ ❀ ❀ ❀ ❀

— すみません、ちょっとお尋ねしていいですか？
— もちろんです。
— （　**科目名**　）の授業はどんな感じですか？
— （　**科目名**　）の授業は（　**形容詞**　）です。

科目名　Inglés 英語 / Matemáticas 数学 / Física 物理学 / Historia 歴史 / Lingüística 言語学
　　　　Economía 経済学 / Informática 情報科学 / Literatura 文学 / Música 音楽

形容詞　interesante / divertido / aburrido / difícil / fácil

Gramática

1 querer と poder Los verbos *querer* y *poder* 🎧2-2

querer

quiero	queremos
quieres	queréis 西
quiere	quieren

poder

puedo	podemos
puedes	podéis 西
puede	pueden

- 「語幹（語根）母音変化動詞」と呼ばれ、語尾は規則変化と同じように変化します。
- [e → ie] cerrar, empezar, entender, sentir / [o → ue] recordar, volver, dormir
  - Yo quiero un celular de último modelo.　僕は最新型の携帯電話が欲しい。
  - Mis padres quieren hacer un viaje a Cuba.
  - Hoy no puedo salir porque estoy muy ocupado.

● querer を使って、相手の希望を尋ねる 🎧2-3
  - ¿**Quieres** ir al cine este fin de semana?　君は今週末、映画に**行きたい**？
  - ¿Qué **quieres** tomar? - Un mojito, por favor.
● poder を使って、許可を求める
  - ¿**Puedo** entrar? 入っていいですか？ / ¿**Puedo** tocar? / ¿**Puedo** pagar con tarjeta?
● poder を使って、お願いをする
  - ¿**Puedes** abrir la caja, por favor? - Sí, ¿cómo no?　箱を**開けてくれる**？－うん、いいとも。
  - ¿**Puede** limpiar mi habitación, por favor? - De acuerdo.

2 その他のよく使う不規則動詞 Otros verbos irregulares 🎧2-4

venir

vengo	venimos
vienes	venís 西
viene	vienen

Mis abuelos vienen mañana.

oír

oigo	oímos
oyes	oís 西
oye	oyen

Oigo un ruido.　（私は）物音が聞こえる。

ver

veo	vemos
ves	veis 西
ve	ven

De aquí vemos la estación.
Hoy veo a José.

dar

doy	damos
das	dais 西
da	dan

Doy unas flores a mi amiga como regalo.

3 頻度の表現 Expresiones de frecuencia 2-5

高 ↑	siempre	una vez	al día
	normalmente	(dos) (veces)	a la semana
	a veces		al mes
低 ↓	nunca		al año

1 querer と poder を参考にして、以下の動詞を活用させよう。

c**e**rrar （querer タイプ）

rec**o**rder （poder タイプ）

emp**e**zar （querer タイプ）

v**o**lver （poder タイプ）

2 日本語を参考に語群から動詞を選んで、適切に活用してカッコ内に入れて文を完成させよう。

(1) 私の両親は私の先生の名前を覚えていない。

Mis padres no [　　　　　　　　] el nombre de mi profesor.

(2) 僕はいつもとても遅くに帰宅する。

Yo siempre [　　　　　　　　] a casa muy tarde.

(3) 先生はドアを閉めて授業を始める。

La profesora [　　　　　　　　] la puerta y [　　　　　　　　] la clase.

(4) 私は中国語が理解できない。

Yo no [　　　　　　　] chino.

(5) 猫たちは一緒に眠る。

Los gatos [　　　　　　　] juntos.

(6) 君は寒さを感じないの？

¿No [　　　　　　　] frío?

【 c**e**rrar　emp**e**zar　ent**e**nder　s**e**ntir　rec**o**rdar　v**o**lver　d**o**rmir 】

3 日本語を参考にカッコ内の語句を並べ替えて、お願いをしたり相手の希望を尋ねたり、許可を
もらうための表現を作ろう。querer と poder は適切に活用して使おう。

(1) （君）これらのお皿を台所へ持って行ってくれる？
(**poder** / llevar / la cocina / estos platos / a)

(2) （あなた）明日オフィスへ行っていただけますか？ (**poder** / ir / la oficina / mañana / a)

(3) （君）オレンジジュースが飲みたい？ (**querer** / tomar / de naranja / un jugo)

(4) （あなた方）キューバの歌が歌いたいですか？ (**querer** / cantar / cubana / una canción)

(5) （私）トイレに行ってもいい？ (**poder** / ir / baño / al)

(6) （僕）カードで支払ってもいいですか？ (**poder** / pagar / tarjeta / con)

キューバってどんな国？

　キューバでは 1959 年に革命が起こり、社会主義の国家となりました。1991 年のソ連崩壊後、世界では社会主義国家は減少の一途を辿りましたが、キューバは独自の経済の自由化を行いつつも、現在に至るまで社会主義を貫いています。資本主義の国で生活する人が現地を訪れると、キューバ社会の特異さに気づくと思います。

　また教育、スポーツにも力を入れています。小学校から大学まで無償で学ぶことができ、キューバの教育水準は先進国と比べてもさほど変わりません。スポーツでは野球が非常にさかんで、これまでの国際大会でもキューバ代表は素晴らしい成績を残しています。教育、科学やスポーツの分野において、キューバはラテンアメリカでもトップクラスの位置にいると言えます。

キューバ革命（1959 年）

野球に興じる少年たち

 ラテンアメリカこぼれ話 暑さをしのぐ方法

　ラテンアメリカの国々の中には赤道近くに位置する地域もあり、高温多湿です。そのため正午から夕方まではできるだけ外での活動を控え、日焼け対策を怠らないことも大切です。場所によっては昼間の気温が 40 度位に達するため、屋外の活動は夕方から夜にかけて行うのが普通です。ハバナのマレコン通りでも、夕方頃から涼しい潮風を目当てに多くの人々が夕涼みに現れます。

社会主義の国に初めて来て、色々と貴重な経験ができたよ。海や街並みだけでなく、素朴で優しいキューバ人の人柄にも魅了されたなぁ。

夕暮れのマレコン通り

¡Desarrollemos!

以下のキューバの歴史的出来事や人物について調べてみよう。

出来事：キューバ革命／ミサイル危機　　　人物：フィデル・カストロ／チェ・ゲバラ

好きなものを伝えよう

Lección 9

Colombia

文法事項	目的格人称代名詞、gustar、前置詞格人称代名詞
コラムテーマ	コロンビアのコーヒー　コロンビアの食事

リョウはコロンビアのボゴタに到着し、日本で知り合った友人、ミゲルと再会。コロンビアについて聞くことにする。
Ryo llega a Bogotá y ve a Miguel, a quien conoció en Japón.

✖ En una cafetería 🎧2-6

Ryo : ¡Qué gusto verte de nuevo aquí, en Colombia!

Miguel : Yo también, Ryo. Bueno, te invito a tomar un tinto.

Ryo : Oye, ¿tomamos vino tinto por la mañana?

Miguel : Jaja, en Colombia el tinto generalmente significa café.

Ryo : Ah, lo entiendo. Me gusta mucho el café. Por cierto, me interesa visitar unos lugares bonitos de Colombia.

Miguel : Entonces te recomiendo el Eje Cafetero. Además ahí está el Valle de Cocora. Creo que te va a encantar.

Ryo : Vale, entonces voy a visitarlo.

喫茶店にて
- ●ここコロンビアで、また君に会えてうれしいよ！
- ●僕もだよ、リョウ。さぁ、ティントを1杯おごるよ。
- ●え、朝から赤ワインを飲むの？
- ●ははは、コロンビアではティントは普通コーヒーを意味するんだよ。
- ●ああ、そうなのか。僕はコーヒーがとても好きなんだ。ところで、僕はコロンビアの素敵な場所を訪れたいと思っているんだけど。
- ●それじゃエヘ・カフェテロをお勧めするよ。それに、あそこはココラ渓谷がある場所だよ。きっととても気に入るよ。
- ●そうか、それじゃそこを訪ねてみるよ。

補L9 1

¡Dialoguemos!

- コーヒーを1杯おごるよ。
- ありがとう。僕はコーヒーがとても好きなんだ。
- 私もだよ。私は（　**好きなもの**　）も好きだよ。
- （　**僕も好きだよ / 僕は好きじゃないなぁ**　）。

☺Me gusta el chocolate. → ☺ - A mí **también**. / ☹ - A mí no.
　　僕はチョコレートが好きだ　　　　　　私も好き。　　　　私は好きじゃない。

☹No me gusta el pescado. → ☺ - A mí sí. / ☹ - A mí **tampoco**.
　　僕は魚が好きじゃない。　　　　　　　私は好き。　　　　私も好きじゃない。

1 **目的語になる代名詞** Los pronombres de objeto directo e indirecto 🎧2-7

直接目的語の代名詞「〜を」

me	nos
te	os 西
lo / la	los / las

間接目的語の代名詞「〜に」

me	nos
te	os 西
le	les

- 日本語では、相手が了解している場合は目的語を省略できますが、スペイン語では、相手が了解していても省略できません。その代わり同じ語句の繰り返しを避けるため、代名詞を用います。

¿Tomas este vino? - No, no **lo** tomo.　君は<u>このワイン</u>を飲む？ーいや、（<u>それを</u>）飲まないよ。

★**目的語になる代名詞のルール**★　Unas reglas de los pronombres de OD y OI. 🎧2-8

①**活用した動詞の直前**に置く！不定詞・肯定命令・現在分詞の場合は、動詞の直後につける。

②直接目的語と間接目的語を一緒に使う場合は、必ず「**間接 直接**」の順に並べる！

③上記②の場合で直接目的語も間接目的語も３人称であれば、**間接目的語は se** になる！

¿**Me** compras <u>un helado</u>?　　　僕に<u>アイス</u>を買ってくれる？

- No, no **te lo** compro.　　　ーいや、（<u>君にそれを</u>）買わないよ。

¿Cuándo das <u>esa tarjeta</u> <u>a tu madre</u>? - **Se la** doy mañana.　（× Le la ...）

2 **gustar**「好きだと思わせる」El verbo *gustar* 🎧2-9

Me gusta el café .　（ コーヒーが 私に好きだと思わせる）→私は コーヒーが 好きだ。
間接　　　　主語

Me gustan los gatos .

Me gusta correr .

- 間接目的語の代名詞は省略できません。間接目的語を「a + 人」の形で表すこともできますが、同じ要素を指す代名詞と併用します。　A Juan **le** gusta la música latina .
- 似た文型で使う動詞：encantar（大好きだと思わせる）、interesar（興味を抱かせる）、
　　　　　　　　　　　doler*（痛みを感じさせる）　　　　　　　*o→ue タイプの語幹母音変化動詞です。

3 **前置詞と一緒に使うための代名詞** Los pronombres en caso preposicional 🎧2-10

主語の人称代名詞を用いますが、yo は **mí**、tú は **ti** を使います。

A **mí** me gusta la comida colombiana. ¿Y a **ti**? (× a yo, × a tú)

¿Quieres venir **conmigo**? (× con yo, × con mí) – Sí, voy **contigo**.(× con tú, × con ti)

1 下線部に注目し、カッコ内に**目的語の代名詞**を入れて対話を完成させよう。

(1) ¿Dónde aprendes el baile? - [   ] aprendo en el instituto.

(2) No puedo abrir esta caja. - Yo [   ] abro.

(3) Yo preparo muchos pasteles. - Y yo [   ] como.

(4) ¿Me escribes un mensaje? - Sí, [   ] [   ] escribo.

(5) ¿Quién enseña el español a los estudiantes?

    - [   ] [   ] enseña la profesora Fernández.

2 語彙を並べ替えて文を作ろう。

(1) 僕は君たちを駅で待ってるよ。[espero / la estación / en / os(los)]

(2) あなた方はどこで本を買いますか？ー（それらを）その本屋で買います。

    ¿Dónde compran ustedes libros? – [compramos / esa librería / los / en]

(3) 私は君にこのレストランをお勧めするよ。ー なぜ（私にそれを）勧めるの？

    Te recomiendo este restaurante. – [recomiendas / lo / me / por qué]

(4) 誰が君たちに入場券をくれるの？ー ギジェルモが（僕らにそれらを）くれるよ。

    ¿Quién os/les da las entradas? – [da / nos / Guillermo / las]

(5) 僕は子供たちにキャンディーをあげる。ー いつ（彼らにそれらを）あげるの？

    Yo doy unos caramelos a los niños. – [das / los / cuándo / se]

3 カッコ内に**間接目的語の代名詞**を、下線部に **gustar** の活用形を入れよう。

(1) 私はチョコレートがとても好きです。

    [   ] _____ mucho el chocolate.

(2) 僕たちは野菜があまり好きではない。

    No [   ] _____ mucho las verduras.

(3) 君はサッカー好き？ーうん、とても。

    ¿A ti [   ] _____ el fútbol? - Sí, mucho.

(4) 彼らは本を読むことが好きだ。

    A ellos [   ] _____ leer libros.

4 カッコ内に**間接目的語の代名詞**を入れ、動詞を下から選んで**適切に活用して**下線部に入れよう。

(1) 僕らは和食が大好きだ。 [   ] _____ la comida japonesa.

(2) 私の祖母は両足が痛い。A mi abuela [   ] _____ las piernas.

(3) 君は日本語を学ぶことに興味ある？ ¿[   ] _____ aprender el japonés?

【 encantar   interesar   doler 】

コロンビアのコーヒー

　コロンビアといえばコーヒーを思い浮かべる人も多いでしょう。日本にもコロンビア産のコーヒーは多く輸入されています。コロンビアでは通りによくコーヒー売りがいて、香り高いコーヒーが手軽に飲めます。彼らにコーヒーを注文するときは、Un tinto, por favor. と言ってください。また、コロンビアの中央部には「エヘ・カフェテロ (Eje Cafetero)」と呼ばれるコーヒーが盛んに栽培されている地域があり、標高 1000m を越える山岳地帯です。

　エヘ・カフェテロを訪れる際、是非立ち寄りたいのがココラ渓谷 (Valle de Cocora) です。ココラ渓谷のココヤシは非常に背が高く、50m 位に到達する場合もあります。美しい山にそびえ立つココヤシの姿は圧巻です。

ボゴタの街角のコーヒースタンド

ココラ渓谷、背の高いココヤシ

ラテンアメリカこぼれ話　●●　コロンビアの食事

アヒアコ

　コロンビアの食事にはマイルドな味付けが多く、辛い料理はそれほどありません。代表的な料理の 1 つとして、アヒアコ (ajiaco) があります。ジャガイモをベースにした温かいスープ料理で、高地で肌寒い気候のボゴタなどで食べられます。また、コロンビア料理には米がよく使われますので、日本人の口にも合うと言われています。

ボゴタの台所、パロケマオ市場 (Plaza de Mercado Paloquemao) ではたくさんの食材が売られていて興味津々だったよ。ボゴタ周辺はカーネーションの栽培も盛んで、毎年数億本が日本にも輸出されているみたい。

¡Desarrollemos!

コロンビアの有名人について調べて、まとめてみよう。
Juanes / Shakira / García Márquez / Fernando Botero / James Rodríguez

日常生活について話そう

文法事項	再帰動詞、時刻の表現、曜日の表現
コラムテーマ	エル・ドラド（El Dorado、黄金郷）の伝説　超朝型のラテンアメリカ

リョウはミゲルが通うコロンビアの大学へ行き、現地の大学生活について話をする。Ryo visita con Miguel su universidad y hablan sobre su vida diaria.

En la universidad 🎧2-11

Ryo : ¿A qué hora te levantas, Miguel?

Miguel : Entre semana me levanto a las cinco.

Ryo : ¿Por qué tan temprano?

Miguel : Porque la primera clase empieza a las siete.

Ryo : ¿De verdad? ¿A qué hora terminan las clases?

Miguel : Terminan a las dos y luego vuelvo a casa. Me acuesto más o menos a las diez. Siempre me ducho antes de desayunar.

Ryo : Yo prefiero bañarme por la noche.

> 大学にて
> ●ミゲル、君は何時に起きるんだい？
> ●平日は 5 時に起きるよ。
> ●なぜそんなに早く？
> ●1 限目が 7 時に始まるからだよ。
> ●本当に？授業は何時に終わるんだい？
> ●2 時に終わって、その後僕は家に帰るよ。だいたい 10 時くらいに寝るんだ。いつも朝食の前にシャワーをするよ。
> ●僕は夜にお風呂に入る方がいいな。

補 L10 ①

¡Dialoguemos!　✿ ✿ ✿ ✿ ✿ ✿ ✿

— 君は何時に寝るの？

— 平日は（　**～時に**　）寝るよ。

— いつ（　**シャワー / 入浴**　）する？

— （　**寝る前に / 起きた後 / ～時に**　）（　**シャワー / 入浴**　）するよ。

antes de + 不定詞　～の前に / después de + 不定詞　～の後で
de la mañana / de la tarde / de la noche　　a eso de / más o menos

1 再帰動詞 Los verbos reflexivos 🎧2-12

動詞の主語とその目的語が同じ人称・数である場合、その目的語は<u>再帰代名詞</u>と呼ばれ、
動詞は<u>再帰動詞</u>と呼ばれます。動詞の種類や文脈によって、いくつか使い方があります。

levantar**se**

me	levanto	nos	levantamos
te	levantas	os	levantáis 西
se	levanta	se	levantan

Te levanto. ←再帰動詞ではない
僕は君を起こす。

Me levanto. ←再帰動詞
僕は起きる。（僕は自分を起こす）

1) 直接再帰：主語と直接目的語が同じもの（人）
   levantarse, acostarse, bañarse, llamarse, etc.
   Hoy me acuesto tarde.　　Me baño por la noche.　　¿Cómo te llamas?

2) 間接再帰：主語と間接目的語が同じもの（人）で、直接目的語は別にある
   lavarse（自分の体の部位を洗う）, ponerse（～を身に着ける）, quitarse（～を脱ぐ、外す）, etc.
   Me lavo la cara.　　Aquí tienes que quitarte* los zapatos.

   > * 文中で再帰動詞を不定詞として用いる際は、再帰代名詞を主語に合わせた形にする！

3) 相互再帰：常に複数形で、「互いに～し合う」という意味を作る
   Mi novia y yo nos escribimos todos los días.　　Siempre nos ayudamos.

4) 意味を変える：再帰動詞として使うことで少し意味が変化する動詞がある
   irse（去る、帰る）, comerse（全部食べる）, dormirse（居眠りする）, morirse de（～で死にそうだ）
   ¿Ya te vas? - Sí, me voy, hasta mañana.　　Juan siempre se duerme en clase.
   ¡Me muero de hambre!

2 時刻の表現 Expresión de la hora 🎧2-13

時、分の組み合わせ方

時		分
la	una	y / menos 数
las	2 以上の数	

1:10　la una y diez
2:30　las dos y media
3:15　las tres y cuarto
4:55　las cinco menos cinco

※ de la mañana / de la tarde / de la noche　午前の / 午後の / 夜の

- 現在時刻の表現
  ¿Qué hora **es**? - **Es** la una menos cuarto. / **Son** las seis (en punto).

- 出来事や行為が起こる時刻の表現
  ¿**A** qué hora te acuestas? - Me acuesto **a** las once.

3 曜日の表現 Días de la samana 🎧2-14　　　　補 L10 ②

lunes	martes	miércoles	jueves	viernes	sábado	domingo

※ -es で終わる曜日は単複同形です。

El domingo hacemos una fiesta.　　Los sábados nos acostamos muy tarde.

1 再帰動詞の活用表を完成させよう。（色付きの欄は、不規則活用に注意！）

llamar**se**

acostar**se**

poner**se**

ir**se**

2 問1の再帰動詞の適切な活用形を下線部に入れよう。

(1) ¿Cómo _____? - _____ Lucía.

　　君の名前は？ー私の名前はルシアだよ。

(2) Mis padres _____ a las doce todos los días.

　　僕の両親は毎日12時に寝る。

(3) No _____ el anillo cuando trabajamos.

　　私たちは仕事をする時は指輪をつけません。

(4) ¿A qué hora _____ hoy? - _____ a las seis.

　　君たちは今日何時に帰るの？ー6時に帰るよ。

3 以下の時計を見て、**¿Qué hora es?** に対する返答をしよう。 🎧2-15

(1)　(2)　(3)　(4)　(5)

4 時刻をスペイン語にして文を完成させ、できた文を訳してみよう。数字もスペイン語で書こう。

Los días entre semana me levanto（午前7時に）(1) _____.

Me lavo la cara, me cambio y desayuno（7時半に）(2) _____.

Tomo el autobús（8時20分に）(3) _____ y llego a la universidad

（8時45分に）(4) _____ . Tengo la primera clase（9時に）

(5) _____ .

5 「毎週〜曜日」という表現になるよう、下線部にスペイン語を入れて、できた文を訳してみよう。

(1) （月） _____ tenemos cuatro clases.

(2) （木） _____ estudio en la biblioteca con unos amigos.

(3) （土） _____ visitamos la casa de nuestros abuelos.

(4) （日） _____ trabajo en una panadería.

エル・ドラド（El Dorado、黄金郷）の伝説

　1492 年にスペイン人がアメリカ大陸に到達し、多くの土地がスペイン領となりました。スペイン人が探していたのは、金に溢れたエル・ドラドでした。南米に金を豊富に持った先住民がいると聞いたスペイン人たちはエル・ドラドの捜索をしますが、発見にはいたりませんでした。ただ、先住民の儀礼に使われていた相当な量の金が、コロンビアの中部にあるグアタビータ湖（la laguna de Guatavita）の底から収集されました。

　現在ではボゴタにある黄金博物館（el Museo del Oro）に、先住民ムイスカ族の金の装飾品が多数展示されており、その量に圧倒されます。また、グアタビータ湖も自然保護区になっており、ガイドの案内で湖やその周辺に自生する珍しい植物を目にすることもできます。

ムイスカ族の儀式の品

グアタビータ湖

 ラテンアメリカこぼれ話 超朝型のラテンアメリカ

早朝のボゴタの駅

　ラテンアメリカの大学では、1 限目が朝 7 時開始というところも珍しくなく、超朝型です。現地に留学した学生の間で、1 限目の早さに苦労するという声は良く聞かれます。その代わり、昼の 2 時くらいまでには授業が全て終わり、帰宅できます。また会社の始業時刻も早い場合が多く、ラッシュアワーの時間帯も日本よりも早い時間から始まります。

コロンビアの朝食の定番は、小麦粉で作った薄焼きパン「アレパ (arepa)」だね。あと「チチャ (chicha)」と呼ばれる、トウモロコシを発酵させた飲み物にも挑戦したよ。

チーズ入りアレパ

チチャ

¡Desarrollemos!

以下のコロンビアの食べ物や飲み物について調べてみよう。
fritanga / bandeja paisa / arepa / agua de panela

今していることや、これまでの経験を話そう

Perú

文法事項	現在分詞、進行形、過去分詞、現在完了、不定語・否定語
コラムテーマ	南米に渡った日本人　親日家が多いラテンアメリカ

リョウはペルーのリマに到着し、日系人について興味を持ち、とある日系人男性に話をする。Ryo llega a Lima, donde conoce a un hombre Nikkei.

En la casa de un *Nikkei* 🎧 2-16

Ryo : Hola, mucho gusto. Soy japonés y ahora estoy estudiando un poco sobre la historia de la inmigración japonesa.

Hombre : Desde hace mucho tiempo mi familia ha tenido un negocio y hemos trabajado mucho.

Ryo : ¿Qué negocio tiene su familia?

Hombre : Tenemos una tintorería. Yo también estoy trabajando ahí.

Ryo : Ah, entiendo.

Hombre : ¿Ya has visitado el Museo de la Inmigración Japonesa?

Ryo : No, todavía no.

Hombre : Vale la pena. Puedes conocer nuestra historia viendo las exposiciones.

Ryo : Gracias, señor. Voy a visitarlo.

> ある日系人の家にて
> ● こんにちは、初めまして。僕は日本人で、今、日系移民の歴史について少し勉強しています。
> ● ずっと前から私の一族は商売をやっていて、一生懸命働いてきました。
> ● あなたのご家族は何の商売をしていらっしゃるのですか？
> ● 私たちはクリーニング屋をやっています。私もそこで働いています。
> ● ああ、なるほど。
> ● 日系移民博物館へはもう行きましたか？
> ● いえ、まだです。
> ● 行く価値はありますよ。展示を見て私たちの歴史を知ることができます。
> ● ありがとうございます。そこへ行ってみます。

MUSEO
DE LA INMIGRACIÓN JAPONESA AL PERÚ

¡Dialoguemos!

— 君は何をしているの？　←進行形を使おう！
— 今（　**動詞**　）しているところだよ。　←進行形を使おう！
— もう（　**動詞**　）した？　←現在完了を使おう！
— いや、まだだよ。

動詞表現の例　estudiar 勉強する / preparar la cena 夕飯のしたくをする / escuchar música 音楽を聴く
desayunar 朝食をとる / lavar los platos 皿を洗う / hablar con un amigo 友人と話す
limpiar la habitación 部屋を掃除する / tomar un café コーヒーを飲む / comer 食事をする
hacer la tarea 宿題をする / ver la tele テレビを見る / escribir un mensaje メッセージを書く

Gramática

1 現在分詞（動詞から作った副詞：性・数変化なし） El gerundio 🎧2-17

規則形	-ar → -ando	estudiar → estudiando
	-er, -ir → -iendo	comer → comiendo salir → saliendo
不規則形	leer → leyendo ir → yendo	
	decir → diciendo dormir → durmiendo	

1) 「～しながら」 No puedo estudiar escuchando música.
2) 進行形：estar+ 現在分詞 ¿Qué estás haciendo? - Estoy preparando la cena.

2 過去分詞（動詞から作った形容詞：性・数変化あり） El participio pasado 🎧2-18

規則形	-ar → -ado	estudiar → estudiado
	-er, -ir → -ido	comer → comido salir → salido
不規則形	abrir → abierto escribir → escrito volver → vuelto poner → puesto	
	hacer → hecho decir → dicho romper → roto freír → frito ver → visto	

「～された、～した」状態を表す**形容詞**として使われる。

un libro escrito en español スペイン語で書かれた本   unas toallas hechas en Brasil
Yo no como muchas papas fritas.   Hoy la biblioteca está cerrada.

3 現在完了：haber の活用形 + 過去分詞の男性単数形 El pretérito perfecto 🎧2-19

visitar の現在完了形

he	hemos
has	habéis 西
ha	han

＋過去分詞
（-o で終わる形）

he visitado	hemos visitado
has visitado	habéis visitado 西
ha visitado	han visitado

1) 経験「～したことがある」
   ¿Has probado alguna vez el pisco? - No, no lo he probado todavía.
2) 継続「これまで～してきた」：現在も継続中
   Hemos estudiado inglés durante seis años.
3) 現在を含む期間内に完了したこと（スペインの用法）：過去の出来事だが、今の状態に関わる
   Hoy he comido tres hamburguesas.   Esta semana no he visto a Raúl.

4 不定語・否定語：代名詞 Pronombres indefinidos 🎧2-20

不定語	否定語
algo 何か	nada 何も～ない
alguien 誰か	nadie 誰も～ない

- ¿Hay **algo** para comer?
- No, **no** hay **nada** para comer.

- ¿Hay **alguien** en la cocina?
- No, **no** hay **nadie** en la cocina.

※否定語を動詞の後で使う場合は、動詞の前に no が必要です。
※その他の否定語：nunca, tampoco, ni

1 いろいろな動詞を現在分詞と過去分詞にしよう。

	desayunar	preparar	leer	hacer	escribir
現在分詞					
過去分詞					

2 動詞を**現在形に活用**するか**現在分詞**にするか判断して、カッコ内に書き入れよう。

(1) 私たちはおしゃべりしながら一緒に料理する。

Nosotros [cocinar   ] juntos [charlar   ].

(2) 君たちは音楽を聴きながら公園を走るの？

¿Ustedes [correr   ] por el parque [escuchar   ] música?

(3) パウラはいつも歌いながらシャワーをする。

Paula siempre [ducharse   ] [cantar   ].

3 指定された動詞を**現在進行形**で使い、日本語をスペイン語にしてみよう。

estar+ 現在分詞

(1) 僕たちはスペイン語を学んでいるところです。(aprender)

(2) 君たちは何をしているの？(hacer)

(3) 今とても雨が降っています。(llover*) ＊天候表現は第 7 課も参照

4 **現在完了形**を使って、経験についての会話を完成させよう。

haber+ 過去分詞

(1) - ¿Tú [bailar   ] alguna vez la salsa?

- No, no la [   ] nunca.

(2) - ¿Vosotros [escuchar   ] alguna vez esta canción?

- Sí, la [   ] una vez.

(3) - ¿[estar   ] Miguel y Luis alguna vez en Cusco?

- No, nunca [   ] allí.

5 カッコ内に適切な**不定語**か**否定語**を書き入れよう。

(1) - ¿Todavía hay [   ] en el patio? まだ中庭に誰かいる？

- No, ya no hay [   ]. いや、もう誰もいないよ。

(2) - ¿Necesitas [   ]? 何か必要？

- No, no necesito [   ], gracias. いや、何も要らないよ、ありがとう。

ちょっと一息　Pausa コーナー

南米に渡った日本人

　19 世紀から 20 世紀にかけて、豊かな生活を求めてたくさんの日本人が南米に渡りました。ポルトガル語圏であるブラジルには特に多くの日本人が移住し、現在 140 万人程の日系人が在住しています。

　次に多いのはペルーで、約 10 万人の日系人が住んでいます。ペルー移民政策は 1899 年に始まり、渡航した日本人は過酷な農作業を行いました。その後、様々なビジネスを軌道に乗せて豊かな暮らしを実現する人々も現れますが、第二次世界大戦期に日系人は排斥運動や強制収容を経験し、多くの苦難を伴いました。それでも現在にいたるまで日系人は地道な努力を重ね、政治や経済の分野でも活躍するようになっています。

ペルーの理髪同業組合（1923 年）

リマにあるペルー移住史料館

© 日本人ペルー移住史料館 "平岡千代照"

ラテンアメリカこぼれ話　　親日家が多いラテンアメリカ

　ラテンアメリカでは「私は日本のことが好き」という人によく出会います。親日家を生み出す要因には、日系人が発信する日本文化も関係しています。日本料理はもちろんのこと、折り紙などの風習も現地でよく認知され、興味を持つ人も少なくありません。また、日本が国際支援活動を通じてラテンアメリカ社会に貢献している点も、友好関係構築に役立っています。

日系人の方々に温かく迎えて頂き、とても幸せな気持ちになったよ。遠く離れた国でも、日本に親しみを持ってくれている人たちがたくさんいるのはすごくうれしいな。

コロンビアにおける JICA の活動例

¡Desarrollemos!
以下の移民政策について調べてみよう。
ペルー移民 / メキシコ移民（榎本（えのもと）移民団）/ ブラジル移民

過去の出来事を伝えよう①

文法事項	点過去（規則活用）、比較表現
コラムテーマ	インカ帝国の名残　高地にある都市

リョウはクスコに到着するが、体調がすぐれないので病院に行く。Ryo llega a Cusco. Como no se siente bien, va al hospital.

🗡 En un hospital 🎧 2-21

Ryo : Buenas tardes.

Doctor : ¿En qué puedo servirte?

Ryo : Me duele mucho la cabeza. Y estoy un poco mareado.

Doctor : ¿Cuándo llegaste a Cusco?

Ryo : Llegué ayer. Desde entonces tengo mucho cansancio y dolor de cabeza.

Doctor : Puede ser mal de montaña. Cusco tiene tres mil cuatrocientos (3400) metros.

Ryo : Hace unos días visité Machu Picchu, y allá no me sentí mal.

Doctor : Porque Cusco es más alto que Machu Picchu. Te doy esta receta, y puedes ir a la farmacia. También toma mucha agua. Cuídate.

Ryo : Muchas gracias. Hoy me quedo en el hotel.

病院にて
- こんばんは。
- どうしましたか？
- とても頭が痛いんです。少し気分も悪いです。
- いつクスコについたの？
- 昨日到着して、その時からとても疲れて頭が痛いんです。
- 高山病かもしれないね。クスコは標高が3400mあるから。
- 数日前にマチュピチュを訪れましたが、そこでは気分悪くなりませんでした。
- クスコはマチュピチュより高いからだよ。この処方箋をあげるから、薬局へ行くといいですよ。水もたくさん飲んでね。お大事に。
- ありがとうございます。今日はホテルにとどまります。

¡Dialoguemos!

— 君は昨日、何時に帰宅した？
— 昨日は（ **時刻** ）に帰宅したよ。君は昨夜、何時に寝た？
— （ **時刻** ）に寝たよ。君は昨日、誰と夕食をとった？
— （ **人** ）と夕食をとったよ。

> いろいろな動詞を使って会話を続けてみよう。

＊夕食をとる cenar / 寝る acostarse

1 過去の出来事を表す点過去：規則活用 El pretérito indefinido: verbos regulares 🎧2-22

-ar 動詞

visité	visitamos
visitaste	visitasteis 西
visitó	visitaron

-er 動詞

comí	comimos
comiste	comisteis 西
comió	comieron

-ir 動詞

salí	salimos
saliste	salisteis 西
salió	salieron

※ -er 動詞と -ir 動詞の語尾は共通です。

2 点過去形と一緒によく使われる、時の表現 Marcadores temporales del pasado 🎧2-23

ayer	la semana pasada	en abril	hace tres días
anoche	el mes pasado	en 2020	hace dos años
	el año pasado		

Ayer comimos una pachamanca en un restaurante.

Carlos salió de Lima la semana pasada.

Hace dos meses viajamos por Cusco.

¿A qué hora te acostaste anoche? - Me acosté a las once.

Las clases terminaron hace dos semanas.

El sábado pasado llovió mucho.

3 形容詞・副詞の比較表現 El comparativo 🎧2-24

A>B	A es **más** ― **que** B. A は B より〜だ。	Este celular es **más** caro **que** ese. この携帯電話は（ ）。
A<B	A es **menos** ― **que** B. A は B ほど〜じゃない。	Este celular es **menos** caro **que** ese. この携帯電話は（ ）。
A=B	A es **tan** ― **como** B. A は B と同じくらい〜だ。	Este celular es **tan** caro **como** ese. この携帯電話は（ ）。

Estas galletas son **más** ricas **que** esas.   Juan corre **más** rápido **que** Miguel.

Esta papa es **menos** fresca **que** esa. = Esta papa **no** es **tan** fresca **como** esa.

★特別な形を使う比較表現★ 🎧2-25   補 L12 ①

• **mejor** （形）より良い、（副）より良く

Esta computadora es **mejor que** esa.   Mi hermana baila **mejor que** yo.

(× Esta computadora es <u>más buena</u> que esa.   × Mi hermana baila <u>más bien</u> que yo.)

• **más** （形）より多くの、（副）より多く

Tengo **más** libros **que** Antonio.   Teresa come **más que** su madre.

(× Tengo <u>más muchos</u> libros que Antonio.   × Teresa come <u>más mucho</u> que su madre.)

1 次の動詞の点過去の活用表を、ノートに書いてみよう。 ← *スペルに注意！

(1) terminar   (2) comprar   (3) llegar*   (4) empezar*

(5) correr   (6) conocer   (7) abrir   (8) escribir

2 【リスニング】活用形を聞いて、その動詞の基本形と意味、そして活用の主語を答えよう。

🎧 2-26

	基本形	意味	主語（○で囲もう）					
(1)			yo	tú	él	nosotros	vosotros	ellos
(2)			yo	tú	él	nosotros	vosotros	ellos
(3)			yo	tú	él	nosotros	vosotros	ellos
(4)			yo	tú	él	nosotros	vosotros	ellos
(5)			yo	tú	él	nosotros	vosotros	ellos

3 指定された語句を使って過去の行為や出来事を表す文を作り、日本語に訳してみよう。

(1) [ayer / yo / comprar / un diccionario]   動詞を適切に活用しよう！

(2) [hace seis meses / nosotros / empezar a estudiar español]

(3) [la semana pasada / María / llegar a Arequipa]

4 日本語に合うよう、下線部に適切な比較表現を入れて文を完成させよう。

(1) このスカートは、そちらのよりも素敵だ。（素敵な lindo）

Esta falda es _____ esa.

(2) このケーキはそちらのほど甘くない。（甘い dulce）

Este pastel es _____ ese.

= Este pastel no es _____ ese.

(3) ルイスとヘラルドは君と同じくらい勉強熱心だ。（勉強熱心 estudioso）

Luis y Gerardo son _____ tú.

(4) スペインのオリーブオイルはイタリアのものより良いらしい。

Dicen que el aceite de oliva de España es _____ el de Italia.

(5) 僕の父は、僕の母よりよく喋る。

Mi padre habla _____ mi madre.

インカ帝国の名残

　インカ帝国は 13 世紀から 16 世紀にアンデス山脈周辺に存在した国家で、現在のコロンビア、エクアドル、ペルー、チリ、アルゼンチンにまで広がり、巨大な勢力を維持していました。帝国滅亡の原因はいろいろありますが、スペイン人の侵略に加えて、ヨーロッパから持ち込まれた伝染病（天然痘など）が帝国に住んでいた先住民に感染拡大し、人口が大きく減少したことも挙げられます。

　クスコはインカ帝国の首都であり、スペイン植民地期の建物とインカ帝国時代の高度な建築物が現存しています。なお、クスコはマチュピチュ観光の拠点としての機能もあり、多くの観光客が訪れます。

クスコの街並み（石垣はインカ帝国時代のもの）

マチュピチュ

 ラテンアメリカこぼれ話 ●● **高地にある都市**

　ラテンアメリカの主要都市は高地にある場合が多いです。リョウもクスコに到着すると高山病で具合が悪くなってしまいましたが、比較的低地に住む日本人にとって、ラテンアメリカの主要都市は過酷な環境であるといえます。標高 2000m を超えると明らかに体調の変化が現れ始めるので、以下の点に気をつけましょう。

　　1. 激しい運動はしない。　　　　2. お酒を控える。
　　3. 必要に応じて高山病の薬を服用する。

2、3 日もすれば体も標高に慣れ始めて、通常通りに過ごすことができるでしょう。

クスコやマチュピチュでインカ帝国の偉大さを感じたよ。そういえば、レストランで食べた魚のマリネ、「セビッチェ (cebiche)」美味しかったなぁ。

ボゴタ（標高約 2600m）

¡Desarrollemos!

　次のラテンアメリカの都市の標高を調べてみよう。（参考：富士山五合目は標高 2400m）
メキシコシティ / ボゴタ / キト / クスコ / ラパス

Lección 13

過去の出来事を伝えよう② / 主語のない文を使おう

Argentina

文法事項	点過去（不規則活用）、無人称文、muy と mucho
コラムテーマ	タンゴの世界　ブエノスアイレスの街並み

リョウはブエノスアイレスに到着し、街歩きを楽しむために観光案内所を訪れる。Ryo llega a Buenos Aires y pasa por la oficina de turismo para disfrutar del centro de la ciudad.

En la oficina de turismo 🎧 2-27

Empleada : Buenos días.

Ryo : Buenos días. Quiero conocer el centro de la ciudad. ¿Me puede recomendar unos sitios famosos?

Empleada : De acuerdo. Aquí tiene el mapa del centro. ¿Usted ya estuvo en el Mercado de San Telmo?

Ryo : No, todavía no lo visité. Pero me gusta visitar mercados.

Empleada : ¿Ya vio el Obelisco? Está en la avenida 9 de Julio.

Ryo : Ayer caminé un poco por ahí. Supe que esa avenida es muy amplia.

Empleada : Así es. La calle Florida también es recomendable. Es una calle muy animada y turística, y se puede encontrar varias tiendas interesantes.
¿Ya probó el asado?

Ryo : Sí, lo comí ayer y me gustó mucho. Quiero comerlo otra vez.

Empleada : Entonces mire el mapa. Aquí hay un restaurante famoso de asado...

観光案内所にて

●おはようございます。

●おはようございます。街の中心地を観光したいのですが、有名な場所をいくつかお勧めしていただけますか？

●分かりました。街の中心地の地図をどうぞ。サンテルモ市場へはもういらっしゃいましたか？

●いいえ、まだ行っていません。でも市場を訪ねるのは好きです。

●もうオベリスコはご覧になりました？7月9日通りにありますよ。

●昨日そのあたりを少し歩きました。その通りがとても広いことが分かりました。

●そうなんです。フロリダ通りもお勧めですよ。とても活気のある観光客向けの通りで、おもしろいお店がいろいろ見つかります。アサードはもう召し上がりましたか？

●はい、昨日食べてとても気に入りました。もう一度食べたいです。

●では地図をご覧ください。ここにアサードの有名なレストランがありまして…

¡Dialoguemos!

— 先週、君は何をした？
— （ **動詞** ）したよ。君は？
— 私は（ **動詞** ）したよ。

> 先週の行動をいくつか並べてみよう。
> また、時の表現を入れ替えたり、一緒にやった人や時刻を追加して、いろいろ話してみよう。

表現の例 　一昨日 anteayer　　　先週末 el fin de semana pasado
このあいだの月曜日 el lunes pasado
〜と con...　　　1人で solo (sola)　　　〜時に a la(s)...

1 点過去の不規則活用 El pretérito indefinido: verbos irregulares 2-28

hacer

hice	hicimos
hiciste	hicisteis 西
hizo	hicieron

venir (vine)

tener

tuve	tuvimos
tuviste	tuvisteis 西
tuvo	tuvieron

estar (estuve)
poner (puse)

dar

di	dimos
diste	disteis 西
dio	dieron

ver (vi)

ir / ser

fui	fuimos
fuiste	fuisteis 西
fue	fueron

¿Qué **hiciste** ayer? - **Fui** al cine con María.　君は昨日何をしたの？－マリアと映画に行ったよ。

Ayer **fue** el cumpleaños de mi abuelo.

¿Qué te **dieron** tus padres? - Me **dieron** una bufanda.

2 無人称文 Oraciones impersonales 2-29

スペイン語では動詞を主語に合わせて活用して使わなければいけませんが、主語がもともとなかったり、主語が特定できなかったり、あるいは主語を特定する必要がない場合があります。

①無主語文：天気など自然現象は主語がなく、動詞は常に 3 人称**単**数形 で使用します。

　Aquí no **llueve** mucho.（← llover）　ここはあまり雨が降らない。

　En Buenos Aires casi nunca **nieva**.（← nevar）　　（天候表現→第 7 課3参照）

②不定人称文：主語が不明な場合、または主語を特定する必要がなく一般について述べる場合

- 再帰動詞の 3 人称**単**数形 →自分も含めて「一般的に人は」というイメージ。

　¿Cómo **se dice** "gambare" en español?　「頑張れ」はスペイン語で何と言うの？

- 3 人称**複**数形 →自分を含まず「他のみんな」「他の誰か」の行為を描写するイメージ。

　Dicen que mañana va a llover.　明日は雨が降るそうだ。［言っている人を特定する必要なし］

　Llaman a la puerta.　（玄関に）誰か来たよ。［ドアのところで呼んでいる人は特定不可］

3 muy と mucho Muy y mucho 2-30

muy	副	形容詞や他の副詞の程度を強める	Usted es **muy amable**. Llegué **muy temprano**.
mucho	形	名詞の数や量が多いことを表す	Tengo **muchos libros**.（可算名詞） Comiste **mucha carne**.（不可算名詞）
	副	動詞の程度を強める	Ayer **llovió mucho**.

1 hacer, tener, dar の活用表を参考に、以下の点過去の活用表を完成させよう。

venir

poner

estar

ver

2 以下の文中で点過去に活用された動詞を探して印をつけ、全体を訳してみよう。 🎧2-31

El mes pasado hice un viaje con unos amigos míos. Laura y Santiago vinieron a buscarme en auto a las ocho y fuimos juntos a Mar del Plata. Tiene playas muy lindas. Allí nos bañamos un poco, comimos unos mariscos deliciosos y fuimos de compras. Yo compré una remera*. ¡También vimos muchos lobos marinos** durmiendo al lado de la playa! Nos alojamos en el departamento de mis tíos. ¡Fue un viaje muy divertido!

* Ｔシャツ　** オタリア

3 点過去の動詞を使って、質問に自由に答えてみよう。

(1)　¿A qué hora te acostaste anoche? →

(2)　¿Qué hiciste ayer? →

(3)　¿Con quién estuviste el domingo pasado? →

(4)　¿Quiénes vinieron a tu casa la semana pasada? →

(5)　¿Cuántas clases tuviste el lunes pasado? →

4 以下の無人称文を日本語に訳してみよう。

(1)　En Hokkaido hace mucho frío en invierno y nieva bastante.

(2)　Dicen que está lloviendo en Osaka.

(3)　Se tarda 20 minutos en bici desde mi casa hasta la universidad.

(4)　¿Cómo se hace las empanadas argentinas?

(5)　Hoy hace mucho sol. Hay mucha gente en la playa.

(6)　¿Aquí se puede pagar con tarjeta?

(7)　En Argentina se bañan en la playa en enero.

(8)　Ayer me robaron la cartera.

タンゴの世界

　19世紀に、仕事を求めてたくさんの労働者がヨーロッパからアルゼンチンへ移民としてやってきました。タンゴは20世紀初頭あたりからその労働者の間で急速に広まりました。艶やかな踊りに注目されることが多いタンゴですが、演奏にも大きな魅力があり、主にバンドネオン（bandoneón）と呼ばれる蛇腹型の楽器やピアノなどが用いられます。ブエノスアイレスの街を歩いていると、どこからともなくタンゴが聞こえてきます。また、タンゴと食事の両方が楽しめるタンゲリア（tanguería）というお店もあります。

タンゴも楽しめるカフェ、トルトーニ　　タンゲリアでの演奏家たち　　バンドネオン奏者
© 多賀谷真吾

 ラテンアメリカこぼれ話 ●● ブエノスアイレスの街並み

　ラテンアメリカには植民地時代からヨーロッパ調の建物がたくさん建てられています。ブエノスアイレスもそのような街の一つで、「ここはヨーロッパ？」と錯覚するほど西欧風の建物で溢れており、"南米のパリ"とも呼ばれています。おしゃれなカフェや美術館、劇場を改築した本屋などもあり、散策していても飽きることはありません。

タンゴは以前から興味があったんだ。だから今回、本場のタンゴが聞けたときは至福のひと時だったよ。ブエノスアイレスの街並みも美しくて、すごく気に入ったな。

元劇場を改築した本屋

¡Desarrollemos!

以下のブエノスアイレスの名所について調べてみよう。
Caminito / Avenida 9 de Julio / Mercado de San Telmo / El Ateneo Grand Splendid

昔のことを語ろう

Argentina

文法事項	線過去、関係詞（que, donde）
コラムテーマ	広大な平原、パンパ　牛肉大国アルゼンチン

リョウはパンパの大平原に到着。牧場を訪れて経営者から話を聞く。Ryo visita una granja en la pampa argentina.

En una granja 🎧 2-32

Ryo : Es un campo tan grande. Puedo ver hasta el horizonte.

Dueña : Mi abuelo compró este terreno y criaba muchos toros y vacas.

Ryo : Antes Argentina exportaba mucha carne, ¿verdad?

Dueña : Bueno, hace un siglo empezaron a exportar carne congelada a Europa y Estados Unidos. Ahora también estamos exportando una gran cantidad de carne.

Ryo : ¿Y cómo era su vida cuando era niña?

Dueña : Mi abuelo y mi padre eran gauchos, y yo siempre los acompañaba montando a caballo. Para mí es un bonito recuerdo.

Ryo : ¿A caballo? ¡Qué envidia!

Dueña : Tenemos caballos. Si quieres, puedes montar ahora mismo.

Ryo : ¡Muchas gracias! Me encantaría.

牧場にて
- 大きな牧場ですね。地平線まで見えます。
- 私の祖父がこの土地を買って、たくさんの牛を育てていたの。
- 以前、アルゼンチンはたくさんの肉を輸出していたのですよね？
- そう、1世紀前に冷凍牛肉をヨーロッパとアメリカ合衆国に輸出し始めたの。今も多くの牛肉を輸出しているよ。
- それで、あなたが子供のころの暮らしはどんなでしたか？
- 私の祖父と父はガウチョで、私はいつも馬に乗って彼らについて行っていたの。私にとって素敵な思い出だよ。
- 馬ですか？うらやましいなぁ！
- 馬ならあるよ。よかったら、今すぐ乗れるよ。
- ありがとうございます！ぜひ。

¡Dialoguemos!

— 子供のころ、君はどこに住んでいた？

— （今と同じように）（　**場所**　）に住んでいたよ。　※今と同じように igual que ahora

— 君のおじいさんとおばあさんは、若いころ何をされていたの？　※若い joven

— 祖父は（　**動詞**　）、祖母は（　**動詞**　）していたよ。

表現の例　会社に勤める trabajar en una oficina 　　教師として働く trabajar de profesor (profesora)
　　　　　　～を販売する vender...　　　　　　　　～を作る hacer (producir, fabricar)...
　　　　　　工場で働く trabajar en una fábrica　　家事をする hacer cosas de la casa

1 スペイン語の２種類の過去 Contraste entre el pretérito indefinido e imperfecto

点過去	・「完了過去」とも呼ばれ、過去の出来事や過去にしたことを述べるのに使います。 ・出来事や行為をひとつの終わったことと捉えます。継続時間の長短は問いません。 ・不規則活用する動詞がたくさんあります。
線過去	・「未完了過去」とも呼ばれ、過去の状況や習慣を述べるのに使います。 ・ある出来事が起こった状況や、繰り返し行った習慣を述べるので、「〜だった」「〜していた」と訳されることが多いです。 ・ほとんどの動詞が規則活用です。

2 線過去の活用 El pretérito imperfecto 🎧2-33

-ar 動詞

cantaba	cantábamos
cantabas	cantabais 西
cantaba	cantaban

-er 動詞

quería	queríamos
querías	queríais 西
quería	querían

-ir 動詞

vivía	vivíamos
vivías	vivíais 西
vivía	vivían

不規則活用する動詞 ◁3つだけ！

ser

era	éramos
eras	erais 西
era	eran

ir

iba	íbamos
ibas	ibais 西
iba	iban

ver

veía	veíamos
veías	veíais 西
veía	veían

Cuando **era** pequeña, yo **vivía** en Tucumán.　小さかった頃、私はトゥクマンに住んでいた。

Mi padre siempre **llegaba** muy tarde a casa.　僕の父はいつも遅くに帰宅していた。

3 関係詞：que, donde Los relativos *que* y *donde* 🎧2-34

形容詞と同じように、前にある名詞を文で修飾する働きをします。関係詞は省略できません。
前にある名詞が人や物であれば que を、場所であれば donde を使います。

La chica **que** vive aquí se llama Paula.

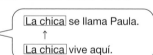

La chica se llama Paula.
↑
La chica vive aquí.

ここに住んでいる女の子はパウラという名前だ。

La chica **que** conocí ayer se llamaba Paula.

(La chica se llamaba Paula. ← Conocí ayer a la chica .)

Esta es la casa **donde** vivía yo.

(Esta es la casa . ← Yo vivía **en** la casa .)

1 日本語に合うよう、動詞を線過去に活用しましょう。

(1) 私は若かった頃、よく勉強したものだ。

Cuando yo [ser   ] joven, [estudiar   ] mucho.

(2) 僕たちが小さかった頃は、あまり新聞を読まなかった。

Cuando [ser   ] pequeños, no [leer   ] mucho el periódico.

(3) 私が生まれた時、私の両親は沖縄に住んでいた。

Cuando nací, mis padres [vivir   ] en Okinawa.

(4) 私たちは毎年夏にビーチへ行ったものでした。

Nosotros [ir   ] a la playa todos los veranos.

2 動詞を点過去（出来事・したこと）か線過去（状況・習慣）の適切な形にしましょう。

(1) 電話が鳴った時、母は 2 階にいた。（鳴る sonar、いる estar）

Cuando [   ] el teléfono, mi madre [   ] en el segundo piso.

(2) 2010 年は、僕はまだ学生で、両親と一緒に住んでいました。（〜である ser、住む vivir）

En 2010, yo todavía [   ] estudiante y [   ] con mis padres.

(3) ミルタとホルヘは、30 歳の時に結婚した。（〜歳だ tener...años、結婚する casarse）

Mirta y Jorge [   ] cuando [   ] 30 años.

(4) 昨日は 6 時に家を出たのに、授業に遅刻した。（出る salir、遅刻する llegar tarde）

Ayer yo [   ] de casa a las seis, pero [   ] tarde a clase.

3 日本語に合うよう、語句を並べかえましょう。

(1) 昨日祖母が作ったケーキは、とても大きかった。

[que / la tarta / mi abuela / hizo / fue / muy grande / ayer]

(2) 土曜日のパーティーに来た男の子は、ミゲルという名前だった。

[que / el niño / Miguel / vino / se llamaba / a la fiesta del sábado]

(3) 今私が聞いている歌は、メルセデス・ソサのだ。

[que / es / estoy escuchando / de Mercedes Sosa / la canción]

(4) これは私の母が学んだ大学です。

[donde / esta / estudió / la universidad / mi madre / es]

(5) これはいつも先生がお昼ご飯を買う店だ。

[donde / la tienda / el profesor / el almuerzo / siempre / esta / es / compra]

広大な平原、パンパ

　首都ブエノスアイレスから車で2時間ほど移動すると、パンパ（pampa）とよばれる大平原が現れます。パンパの面積は日本の総面積よりも大きく、肥沃な土地が広がっています。アルゼンチンでは、植民地時代から牧畜や小麦などの穀物の栽培が盛んで、国内のみならず世界への食糧供給に重要な役割を果たしました。19世紀には牛肉を冷凍して船で欧米に輸出し、国の発展に大きく貢献しました。20世紀初頭には、世界のGDPランキングの10位圏内に入ったこともあります。今でもパンパにはたくさんの牧場があり、カウボーイ（gaucho）の生活様式をそのまま継承している人たちがいます。

パンパで放牧されている牛

アルゼンチンのカウボーイ

 ラテンアメリカこぼれ話 **牛肉大国アルゼンチン**

　アルゼンチン人の牛肉消費量は年間50キロ程度と言われており、これは日本人が1年間で食べるコメの量と同じです。街を散策すると、どこからともなく漂う焼いた肉の匂いが食欲を掻き立てます。肉の炭火焼（asado）は国民食であり、赤身肉を日本よりも格段に安く食べることができるので、肉好きの人にとっては大変魅力的な国でしょう。

肉の炭火焼、アサード

アルゼンチンと言えばエンパナダ（empanada）も有名だよ。小麦粉で作った生地の中に味付けされたひき肉などを入れてオーブンで焼くんだ。例えると、ミートパイという感じかな。ラテンアメリカの他の地域でも食べられるんだけど、国によって材料や作り方も少し異なるから、違った味が楽しめるよ。あとは、イタリア系移民が多いので、ピザやパスタもよく食べるよ。
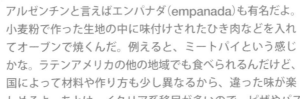

¡Desarrollemos!

アルゼンチンの料理や飲み物について調べてみよう。
asado / empanada / dulce de leche / mate / locro

各課の文法補足

Lección 1

1 音節

単語を発音する際、途切れないよう必ず一息で発音する単位を「音節」と呼びます。音節境界ではないところで発音が途切れると、スペイン語の音として非常に不自然に聞こえてしまうだけでなく、ネイティブの人にうまく聞き取ってもらえない可能性があります。音節境界ではないところで途切れてしまわないよう、リズムよく発音練習しましょう。

2 音節の区切り方

単語は、以下の原則に従って、音節に分けることができます。
① 1 音節に 1 母音。（ただし二重母音と三重母音は母音 1 つと数える。）
② 1 音節内で母音の前の子音は最大 1 つ。（ただし二重子音と ch, ll, rr は子音 1 つと数える。）
　　例）a-sa-do　gau-cho　na-ran-ja　lec-ción　cua-tro　Ro-drí-guez

3 二重子音

p, b, f, c, g の後に l が並ぶ子音連続、p, b, f, t, d, c, g の後に r が並ぶ子音連続を、二重子音とみなします。
　　例）cum-ple-a-ños　pos-tre　fru-ta

4 アクセントの発音方法

アクセントのある母音（または音節）を、高く発音しましょう。高く発音すれば、そこが自然と少し強くなり、少し長くなります。気を付けなければいけないのは、アクセントのないところではしっかり低くすることです。特に最初は意識的に高い音と低い音のメリハリをつけて発音練習してみましょう。
　　término / termino / terminó　　　círculo / circulo / circuló

Lección 2

1 名詞の性

語尾の -o か -a 以外に、以下のような判別ポイントがあります。
- -ción, -sión, -dad, -tad で終わる語は必ず女性名詞。
- -ante, -ista で終わる語は必ず男女同形。

2 注意を要する複数形

標準的なスペイン語の綴り方では、z の直後に e か i を書くことは認められません。そのため、z で終わる語を複数形にするときは、以下のようにします。
　　lápiz → lápices（× lápizes）　　vez → veces（× vezes）

3 指示形容詞「あの」

aquel amigo	aquellos amigos
aquella amiga	aquellas amigas

4 指示代名詞中性形

指示形容詞は男性形と女性形しかありませんが、指示代名詞には**中性形（esto / eso / aquello）**があります。正体不明なものや、話の内容全体を指すような場合に使います。複数形はありません。

¿Qué es esto? – Es una calavera. 「これは何？」「カラベラだよ。」

Tengo un tigre. – Eso no es verdad. 「僕はトラを飼っているよ。」「**それ**は嘘だね。」

Lección 3

1 変化のしかたに注意が必要な形容詞

- 女性形にする際、語尾に a を足さなくてはいけない：trabajador → trabajadora
- 複数形にする際、アクセント記号のコントロールが必要：joven → jóvenes, marrón → marrones
- 複数形にする際、語尾の z を c にしなければいけない：feliz → felices

2 Qué を使った感嘆文のいろいろな文型

① ¡Qué + 名詞！：¡Qué calor!
② ¡Qué + 副詞！：¡Qué bien!
③ ¡Qué + 名詞 + más/tan + 形容詞！：¡Qué casa más bonita!
④ ¡Qué + 形容詞 + ser などの動詞（+ 主語）！：¡Qué bonita es tu casa!
⑤ ¡Qué + 副詞 + 動詞（+ 主語）！：¡Qué bien hablas español!

Lección 4

1 接続詞 cuando「～する時」

Usamos la lengua maya **cuando** hablamos con nuestra familia.
Cuando termina la clase, abrimos las ventanas.

2 所有詞（後置形）

名詞に合わせて語尾が性・数変化します。

私の	mío, -a, -os, -as
君の	tuyo, -a, -os, -as
あなたの、彼（女）の	suyo, -a, -os, -as
私たちの	nuestro, -a, -os, -as
君たちの	vuestro, -a, -os, -as
あなた方の、彼（女）らの	suyo, -a, -os, -as

- ser と一緒に使い、「（主語）は～のだ」という文を作ります。
  Este libro es **mío**. / Esta casa es **nuestra**.
- 定冠詞をともない、「～のもの」という代名詞になります。同じ名詞の繰り返しを避けるために使われます。
  Este es tu celular. **El mío** no está aquí. これは君の携帯電話だ。僕のはここにはないよ。

3 所有詞 3 人称はあいまい

例えば su libro は「彼の本」「彼女の本」「あなたの本」「彼らの本」「彼女らの本」「あなた方の本」という 6 通りの訳し方が可能ですが、たいていの場合は文脈で判断できます。文脈で判断できない時は、el libro de ella「彼女の本」のように前置詞 de を使って所有者を表現することもあります。

Lección 5

1 命令の種類

命令には、肯定命令と否定命令の区別があります。また、命令する相手には tú と usted 以外に vosotros と ustedes が挙げられます。

	肯定	否定
tú	直説法現在 3 人称単数形 （一部不規則形）	no + 接続法現在の活用形
vosotros	動詞の原形の語末 -r を -d に変える	
usted	接続法現在の活用形	
ustedes		

接続法の活用は本書で扱っていませんが、p.22 で紹介したように、usted に対する肯定命令の形であれば、規則活用するものについてはほとんどが tú に対する命令形の語末の母音を入れ替える（a → e、e → a）ことで作れます。

2 tú に対する特別な命令形

tú に対する命令のための特別な形を持った動詞がいくつかあります。ここでは以下の 6 つを紹介します。第 5 課の段階では未習の不規則活用動詞ばかりです。

decir → di	hacer → haz	ir → ve
poner → pon	tener → ten	venir → ven

3 直接目的語と間接目的語

日本語では直接目的語が「～を」、間接目的語が「～に」で表されることが多く、この日本語を頼りに区別している人も多いと思います。しかし、必ずしもこの対応が成立するかと言えば、わずかですがそうではない場合もあるので注意が必要です。

例えば llamar という動詞は、「～を呼ぶ」という意味の他に「～に電話をかける」という意味もあります。この場合、多くの日本語話者は「電話」が直接目的語で、「電話をかける相手」が間接目的語であるように考えてしまいますが、違います。スペイン語の llamar はこの動詞自体が「電話をかける」という意味を持ち、「電話をかける相手」はこの行為を直接的にする相手ということになるので、直接目的語です。

それ以外にも、aplaudir「～に拍手かっさいする」や ver「～に会う」（第 8 課）といった動詞も、日本語が「～に」となるので間接目的語と勘違いしやすいですが、それぞれ相手は直接目的語になります。

4 基数詞

- 16 ～ 19, 21 ～ 29：10 の位と 1 の位を y でつないで一語にしたような形
  - 16=diez+y+seis → dieciséis　　28=veinte+y+ocho → veintiocho
- 31 以降：一語にせずバラバラのまま
  - 33=treinta y tres　　51=cincuenta y uno　　99=noventa y nueve

Lección 6

1 縮約形 del と al

前置詞 de, a + 定冠詞 el → del, al

2 疑問詞（p.18, 26 以外）

cuánto / -ta	どれだけの（量）〈不可算名詞〉	¿Cuánta agua hay aquí? ここにはどれだけの水がありますか？
cuántos / -tas	いくつの（数）〈可算名詞〉	¿Cuántos lápices tienes? 君は鉛筆を何本持っているの？
cuál / -les	どれ	¿Cuál es tu mochila? どれが君のリュック？
	何	¿Cuál es tu nombre? 君の名前は何？

3 付加疑問文

文末に付け足すことで、「～だよね？」というような確認をする言い方になります。
..., ¿verdad?　　..., ¿no?　　..., ¿cierto?

Lección 7

1 2種類の「～しなければいけない」

• tener que + 不定詞：tener の主語になる人物の義務。
　¿Qué **tienes que** hacer hoy? – **Tengo que** limpiar la habitación.
　君は今日何をしなければいけないの？―部屋を掃除しないといけないんだ。
• hay que + 不定詞：全員に共通するような一般的な義務。
　Hay que tener cuidado al cruzar la calle.　道を渡る時は注意しなければいけない。

2 形容詞 bueno と malo

スペイン語では、形容詞は名詞の後に置かれるのが基本ですが、bueno と malo は名詞の前に置かれることが多い特別な形容詞です。
またこの2つの形容詞は、男性名詞単数形の前に置かれると特殊な形に変化します。
　　buen tiempo （← bueno）　　　mal tiempo （← malo）
　　una buena persona　　　　　　una mala idea

3 天候表現の文構造

hacer + 名詞 例）Hace calor.	この文は「暑い。」と訳せますので calor が形容詞だと勘違いされがちですが、calor は「暑さ」という意味の名詞です。 その他、buen tiempo や viento などもすべて名詞（句）です。
estar + 形容詞 例）Está nublado.	nublado は「曇っている」という意味の形容詞です。 ただし Está lloviendo. は llover「雨が降る」を現在進行形にしたものであり、lloviendo は形容詞ではありません。

Lección 8

1 語幹母音変化動詞 ［e → i］

pedir

pido	pedimos
pides	pedís 西
pide	piden

repetir ［repito...］
servir ［sirvo...］

2 意味の似ている動詞

ver	De aquí veo a los niños. ここから子供たちが見える。	ver は意図せず視界に入ってくるイメージなので「見える」、mirar は意図的に視線を向けるイメージなので「見る」と訳します。（ただしこの限りでない用法もあります。）
mirar	¿Por qué me miras así? どうしてそんな風に私を見るの？	
oír	No te oigo bien. 君の声がよく聞こえない。	oír は意図せず耳に入るイメージなので「聞こえる」、escuchar は意図的に注意を向けるイメージなので「聞く」と訳します。（ただしこの限りでない用法もあります。）
escuchar	Siempre escucho la radio. 僕はいつもラジオを聴く。	

Lección 9

1 -mente 副詞

形容詞女性形の語尾に -mente をつけると、副詞になります。

男性単数形が -o で終わる形容詞	男女同形の形容詞
claro 明白な→ claramente はっきりと	libre 自由な→ libremente 自由に
lento 遅い→ lentamente ゆっくりと	general 一般的な→ generalmente 一般的に

Lección 10

1 序数「〜番目の」

1	primero	2	segundo	3	tercero	4	cuarto	5	quinto

たいてい名詞の前に置き、名詞に合わせて性・数変化します。primero と tercero は、男性名詞単数形の前に置かれるとそれぞれ **primer**, **tercer** という形になります。

　　Yo vivo en el **primer** piso. 僕は 1 階に住んでいる。

　　Baja en la **tercera** parada. 3 番目の停留所で降りなさい。

数字を使って表記する場合、以下のように語末の文字を数字の右肩に小さく書きます。

　　el 1.er día 1 日目 / el 2.º año 2 年目 / la 4.ª esquina 4 つ目の角

2 日付の表現

1 月 enero	4 月 abril	7 月 julio	10 月 octubre
2 月 febrero	5 月 mayo	8 月 agosto	11 月 noviembre
3 月 marzo	6 月 junio	9 月 septiembre	12 月 diciembre

　　Hoy es 25 de octubre.　　Las vacaciones empiezan el 30 de enero.

Lección 11

1 ラテンアメリカとスペインにおける現在完了の使用の違い

現在完了は「すでに終わった事柄」を現在の状態とつながりを持って表現する形です。そのため、「現在までにしたことがある」「現在まで継続してきた」という意味で使われます。

またスペインでは、「今日、今週、今年」など<u>現在を含む期間内</u>に完了したことには現在完了を使いますが、ラテンアメリカでは上記の「継続」以外の完了したことには、第 12 課で学修する点過去を用いる傾向があります。

　(西) Hoy **he comido** tres hamburguesas.（←「今日」終わった出来事：**現在完了**）

　(ラ米) Hoy **comí** tres hamburguesas.（←終わった出来事：**点過去**）
　　　　　今日僕はハンバーガーを 3 つ食べた。

Lección 12

1 比較表現のための特別な形

「不規則な比較級」のようにも呼ばれますが、p.50 で紹介した mejor と más のように、比較表現のための特別な形をもつ形容詞や副詞が他にもいくつかあります。

もとの形容詞・副詞	比較の形	
bueno よい（形）	**mejor**	Tengo un coche **mejor** que ese. 私はそれ**より良い車**を持っている。
bien よく、上手に（副）		Rosa toca el piano **mejor** que José. ロサはホセ**より上手に**ピアノを弾く。
malo 悪い（形）	**peor**	Mi coche es **peor** que este. 僕の車はこれ**より（質が）悪い**。
mal 悪く、下手に（副）		Yo canto **peor** que mi hermano. 私は弟**より**歌が**下手だ**（**下手に**歌う）。
mucho たくさんの、よく（形 / 副）	**más**	Necesitamos **más** descanso. 我々は**より多くの**休息が必要だ。 Juan trabaja **más** que Luis. フアンはルイス**よりよく**働く。
poco ほとんどない、ほぼしない（形 / 副）	**menos**	Tengo **menos** plata que Lola. 僕はロラ**ほど**お金を持って**いない**（**より少ない**お金を持っている）。 Luis trabaja **menos** que Juan. ルイスはフアン**ほど**働か**ない**（**より少なく**働く）。
grande 大きい（形）	**mayor**	Miguel es **mayor** que Carmen. ミゲルはカルメン**より年上**だ。
pequeño 小さい（形）	**menor**	Carmen es **menor** que Miguel. カルメンはミゲル**より年下**だ。

Lección 13

1 不規則活用動詞 decir の現在形

digo	decimos
dices	decís 西
dice	dicen

tener や venir のように、<u>yo が主語の時が不規則に変化する</u>ことに加えて、特定の人称で<u>語幹母音</u><u>が **e → i** と変化します</u>。

番外編

1 縮小辞 -ito

名詞などにつけることで、「より小さい」「かわいらしい」というような意味を加えたり、親愛の気持ちなどを表したりします。形容詞や副詞につけると、程度をやわらげたり、軽さや明るさを表現したりすることもあります。名詞と形容詞では語尾が性・数変化します。

代表的な縮小辞は -ito ですが、他にも -cito, -illo などがあります。

Tengo un perrito. 私は子犬を1匹飼っているよ。（perro + -ito）

Mi abuelita habla despacito. 僕のおばあちゃんはゆったり話す。（abuela + -ita, despacio + -ito）

Quiero un poquito de agua. ほんの少し水がほしい。（un poco + -ito）

Ahorita voy. 今すぐ行くよ。（ahora + -ita）

縮小辞をつけた状態で、ほぼ固定的に使われるものもあります。

señora（既婚）女性→ señorita 若い女性   coche 車→ cochecito ベビーカー

cigarro 葉巻→ cigarrillo タバコ   palo 棒→ palitos, palillos 箸

2 絶対最上級 -ísimo

形容詞（まれに副詞）に -ísimo をつけることで、意味を最大に強めます。Muy（とても）をつけるより意味が強まり、話し言葉でよく使われます。語尾は性・数変化します。

例）¡Este examen es dificilísimo! このテストはものすごく難しい！（difícil + -ísimo）

Carlos corre rapidísimo. カルロスはものすごく速く走る。（rápido + -ísimo）

動詞一覧表

No	動詞	意味	CEFR	活用表No.
1	abrir	開く、開ける	A1	3
2	acompañar	ついていく	B1	1
3	aprender	学ぶ	A1	2
4	bailar	踊る	A1	1
5	beber	飲む	A1	2
6	buscar	探す	A2	4
7	cambiar	変わる、変える	A1	1
8	caminar	歩く	A2	1
9	cantar	歌う	A1	1
10	cenar	夕食をとる	A1	1
11	cerrar	閉まる、閉める	A1	5
12	charlar	おしゃべりする	B1	1
13	cocinar	料理する	A2	1
14	comer	食べる	A1	2
15	comprar	買う	A1	1
16	conocer	会った事がある	A2	6
17	correr	走る	A1	1
18	costar	（お金が）かかる	A1	8
19	creer	信じる	A1	9
20	criar	育てる	B1	10
21	cuidar	守る	A2	1
22	dar	与える	A1	11
23	decir	言う	A1	12
24	desayunar	朝食をとる	A1	1
25	desear	望む	B1	1
26	disculpar	許す	B1	1
27	doler	痛む	A2	14
28	dormir	眠る	A1	15
29	empezar	始める	A1	16
30	encantar	大好きである	A1	1
31	encontrar	見つける	A2	8
32	enseñar	教える	A2	1
33	entender	理解する	A1	2
34	escribir	書く	A1	3
35	escuchar	聞く	A1	1
36	esperar	待つ	A1	1
37	estar	～である、いる、ある	A1	17
38	estudiar	勉強する	A1	1
39	exportar	輸出する	B1	1
40	fabricar	生産する	A2	4
41	freír	揚げる	A2	18
42	gustar	好きである	A1	1
43	haber (hay)	いる、ある	A1	19

No	動詞	意味	CEFR	活用表No.
44	hablar	話す	A1	1
45	hacer	する、作る	A1	20
46	interesar	興味がある	A2	1
47	invitar	誘う、おごる	A2	1
48	ir	行く	A1	21
49	leer	読む	A1	9
50	limpiar	掃除する	A1	1
51	llamar	電話する、呼ぶ	A1	1
52	llegar	到着する	A1	22
53	llevar	持っていく	A1	1
54	llover	雨が降る	A1	23
55	mirar	見る	A1	1
56	montar	乗る	A1	1
57	necesitar	必要とする	A2	1
58	nevar	雪が降る	A1	24
59	oír	聞こえる	A2	25
60	pagar	払う	A1	22
61	pasar	過ごす、起こる	A2	1
62	pedir	注文する	A1	26
63	poder	できる	A1	27
64	poner	入れる、おく	A2	28
65	preferir	好む	A1	29
66	preguntar	質問する	A2	1
67	preparar	準備する	A2	1
68	probar	試す	A2	8
69	producir	生産する	B1	30
70	querer	欲する、したい	A1	31
71	recomendar	勧める	A2	32
72	recordar	思い出す	A2	8
73	robar	盗む	A2	1
74	romper	壊す	B1	2
75	saber	知っている	A1	33
76	salir	出発する	A1	34
77	sentir	感じる	A2	29
78	ser	～である	A1	35
79	servir	提供する	A2	26
80	significar	意味する	B1	4
81	sonar	（音が）鳴る	B1	8
82	tardar	（時間が）かかる	B1	1
83	tener	持っている	A1	36
84	terminar	終わる、終える	A1	1
85	tocar	弾く、さわる	A1	4
86	tomar	飲む、乗る	A1	1

No	動詞	意味	CEFR	活用表No.
87	trabajar	働く	A1	1
88	usar	使う	A2	1
89	vender	売る	A1	2
90	venir	来る	A1	37
91	ver	見る、会う	A1	38
92	viajar	旅行する	A1	1
93	visitar	訪れる	A2	1
94	vivir	生きる、住む	A1	3
95	volver	帰る、戻る	A1	39
再帰動詞				
96	acostarse	横になる	A1	8
97	alojarse	泊まる	A2	1
98	bañarse	入浴する	A1	1
99	cambiarse	着替える	A1	1
100	casarse	結婚する	A1	1
101	cuidarse	気を付ける	A2	1
102	dormirse	寝てしまう	A2	15
103	ducharse	シャワーを浴びる	A1	1
104	irse	帰る	A2	21
105	levantarse	起きる	A1	1
106	llamarse	という名前である	A1	1
107	morirse	死にそうである	B1	15
108	ponerse	身につける	A1	28
109	quedarse	残る、とどまる	A2	1
110	quitarse	脱ぐ、はずす	A2	1
111	sentirse	～だと感じる	A2	29

活用表 No.1 は規則変化 -ar 型
活用表 No.2 は規則変化 -er 型
活用表 No.3 は規則変化 -ir 型

CEFR 関連の参考文献
【文献】
① Sánchez, Jesús y Acquaroni, Rosana (2013) *Vocabulario ELE B2, Léxico fundamental de español de los niveles A1 a B2*, SGEL.
【ウェブページ】
② 『CEFR-J Wordlist Version 1.6』 東京外国語大学投野由紀夫研究室． (URL: http://www.cefr-j.org/ download.html#cefrj_wordlist より 2022 年 2 月 11 日ダウンロード)

動詞活用表

※4.からアルファベット順となる　●直説法線過去は ir, ser, ver 以外は規則活用となる→ p.58

活用表No.	CEFR 不定詞 現在分詞 過去分詞	A1 直説法 現在	A2 直説法 点過去
1	規則 -ar 動詞 **hablar** 話す hablando hablado	hablo hablas habla hablamos habláis hablan	hablé hablaste habló hablamos hablasteis hablaron
2	規則 -er 動詞 **comer** 食べる comiendo comido	como comes come comemos coméis comen	comí comiste comió comimos comisteis comieron
3	規則 -ir 動詞 **vivir** 住む viviendo vivido	vivo vives vive vivimos vivís viven	viví viviste vivió vivimos vivisteis vivieron
4	**buscar** 探す buscando buscado	busco buscas busca buscamos buscáis buscan	busqué buscaste buscó buscamos buscasteis buscaron
5	**cerrar** 閉じる、閉まる cerrando cerrado	cierro cierras cierra cerramos cerráis cierran	cerré cerraste cerró cerramos cerrasteis cerraron
6	**conocer** 行った、会った事がある conociendo conocido	conozco conoces conoce conocemos conocéis conocen	conocí conociste conoció conocimos conocisteis conocieron
7	**construir** 建てる construyendo construido	construyo construyes construye construimos construís construyen	construí construiste construyó construimos construisteis construyeron

活用表No.	CEFR 不定詞 現在分詞 過去分詞	A1 直説法 現在	A2 直説法 点過去
8	語幹母音変化 **costar** （お金が）かかる costando costado	cuesto cuestas cuesta costamos costáis cuestan	costé costaste costó costamos costasteis costaron
9	**creer** 信じる creyendo creído	creo crees cree creemos creéis creen	creí creíste creyó creímos creísteis creyeron
10	**criar** 育てる criando criado	crío crías cría criamos criáis crían	crié criaste crió criamos criasteis criaron
11	**dar** 与える dando dado	doy das da damos dais dan	di diste dio dimos disteis dieron
12	**decir** 言う diciendo dicho	digo dices dice decimos decís dicen	dije dijiste dijo dijimos dijisteis dijeron
13	**dirigir** 経営する dirigiendo dirigido	dirijo diriges dirige dirigimos dirigís dirigen	dirigí dirigiste dirigió dirigimos dirigisteis dirigieron
14	語幹母音変化 **doler** ～が痛い doliendo dolido	duele duelen	dolió dolieron

現在進行形は「estar の活用＋現在分詞」で作る。　現在完了は「haber の活用＋過去分詞」で作る。

●直説法線過去は ir, ser, ver 以外は規則活用となる→ p.58

活用表No.	CEFR 不定詞 現在分詞 過去分詞	A1 直説法 現在	A2 直説法 点過去
15	語幹母音変化 **dormir** 眠る durmiendo dormido	duermo duermes duerme dormimos dormís duermen	dormí dormiste durmió dormimos dormisteis durmieron
16	語幹母音変化 **empezar** 始める empezando empezado	empiezo empiezas empieza empezamos empezáis empiezan	empecé empezaste empezó empezamos empezasteis empezaron
17	**estar** 〜である、いる、ある estando estado	estoy estás está estamos estáis están	estuve estuviste estuvo estuvimos estuvisteis estuvieron
18	**freír** 揚げる friendo frito / freído	frío fríes fríe freímos freís fríen	freí freíste frió freímos freísteis frieron
19	**haber** hay では「いる、ある」の意味。現在完了では助動詞。habiendo habido	he has ha (hay) hemos habéis han	hubo
20	**hacer** する、作る haciendo hecho	hago haces hace hacemos hacéis hacen	hice hiciste hizo hicimos hicisteis hicieron
21	**ir** 行く yendo ido	voy vas va vamos vais van	fui fuiste fue fuimos fuisteis fueron

活用表No.	CEFR 不定詞 現在分詞 過去分詞	A1 直説法 現在	A2 直説法 点過去
22	**llegar** 到着する llegando llegado	llego llegas llega llegamos llegáis llegan	llegué llegaste llegó llegamos llegasteis llegaron
23	語幹母音変化 **llover** 雨が降る lloviendo llovido	llueve	llovió
24	語幹母音変化 **nevar** 雪が降る nevando nevado	nieva	nevó
25	**oír** 聞く、聞こえる oyendo oído	oigo oyes oye oímos oís oyen	oí oíste oyó oímos oísteis oyeron
26	語幹母音変化 **pedir** 頼む、注文する pidiendo pedido	pido pides pide pedimos pedís piden	pedí pediste pidió pedimos pedisteis pidieron
27	語幹母音変化 **poder** できる pudiendo podido	puedo puedes puede podemos podéis pueden	pude pudiste pudo pudimos pudisteis pudieron
28	**poner** 置く poniendo puesto	pongo pones pone ponemos ponéis ponen	puse pusiste puso pusimos pusisteis pusieron

現在進行形は「estar の活用＋現在分詞」で作る。 現在完了は「haber の活用＋過去分詞」で作る。

●直説法線過去は ir, ser, ver 以外は規則活用となる→ p.58

活用表No.	CEFR 不定詞 現在分詞 過去分詞	A1 直説法 現在	A2 直説法 点過去
29	語幹母音変化 **preferir** 好む prefiriendo preferido	prefiero prefieres prefiere preferimos preferís prefieren	preferí preferiste prefirió preferimos preferisteis prefirieron
30	**producir** 生産する produciendo producido	produzco produces produce producimos producís producen	produje produjiste produjo produjimos produjisteis produjeron
31	語幹母音変化 **querer** 欲する、したい queriendo querido	quiero quieres quiere queremos queréis quieren	quise quisiste quiso quisimos quisisteis quisieron
32	語幹母音変化 **recomendar** 勧める recomendando recomendado	recomiendo recomiendas recomienda recomendamos recomendáis recomiendan	recomendé recomendaste recomendó recomendamos recomendasteis recomendaron
33	**saber** 知る sabiendo sabido	sé sabes sabe sabemos sabéis saben	supe supiste supo supimos supisteis supieron
34	**salir** 出かける、 出発する saliendo salido	salgo sales sale salimos salís salen	salí saliste salió salimos salisteis salieron
35	**ser** ～である siendo sido	soy eres es somos sois son	fui fuiste fue fuimos fuisteis fueron

活用表No.	CEFR 不定詞 現在分詞 過去分詞	A1 直説法 現在	A2 直説法 点過去
36	**tener** 持っている teniendo tenido	tengo tienes tiene tenemos tenéis tienen	tuve tuviste tuvo tuvimos tuvisteis tuvieron
37	**venir** 来る viniendo venido	vengo vienes viene venimos venís vienen	vine viniste vino vinimos vinisteis vinieron
38	**ver** 見る、会う viendo visto	veo ves ve vemos veis ven	vi viste vio vimos visteis vieron
39	語幹母音変化 **volver** 戻る、帰る volviendo vuelto	vuelvo vuelves vuelve volvemos volvéis vuelven	volví volviste volvió volvimos volvisteis volvieron

現在進行形は「estar の活用＋現在分詞」で作る。　現在完了は「haber の活用＋過去分詞」で作る。

Lección 8　Lección 9　Lección 10　Lección 11　Lección 12　Lección 13　Lección 14　Suplemento

[写真提供]

p.8　　チカノアート　　　　　　　　　　© 吉澤静香
p.24　　アンティグアの街並みとアグア山　© Fotos593 / Shutterstock.com
p.28　　ナシオナル大学　　　　　　　　　© Jenny Porras
p.32　　ハバナの旧市街　　　　　　　　　© Kamira / Shutterstock.com
　　　　キューバの革命広場　　　　　　　© Tenreiro / Shutterstock.com
p.36　　キューバ革命　　　　　　　　　　© gary yim / Shutterstock.com
　　　　野球に興じる少年たち　　　　　　© Colin Dewar / Shutterstock.com
p.48　　ペルーにおける日系人関連　　　　© 日本人ペルー移住史料館“平岡千代照”
p.52　　クスコの街並み　　　　　　　　　© SAKARET / Shutterstock.com
p.56　　タンゴ関連　　　　　　　　　　　© 多賀谷真吾

※記載のないものは著者、または Shutterstock.com

[イラスト] 遠藤　佐登美

[装丁] メディア・アート

ラテアメ！ スペイン語
―ラテンアメリカ縦断―

検印
省略

© 2023 年 1 月 30 日　初版発行

著　者　　　　柳　田　玲　奈
　　　　　　　吉　野　達　也

発行者　　　　小　川　洋　一　郎
発行所　　　　株 式 会 社 朝 日 出 版 社

101-0065　東京都千代田区西神田 3-3-5
電話直通　(03)3239-0271/72
振替口座　00140-2-46008
https://www.asahipress.com/

組　版　　　　有限会社ファースト
印　刷　　　　図書印刷株式会社
